法学学术论文写作技巧

谭 波 编著

郑州大学出版社

图书在版编目（CIP）数据

法学学术论文写作技巧／谭波编著. -- 郑州：郑州大学出版社，2024. 9. -- ISBN 978-7-5773-0510-3

Ⅰ. D90

中国国家版本馆 CIP 数据核字第 20245S53B2 号

法学学术论文写作技巧

FAXUE XUESHU LUNWEN XIEZUO JIQIAO

策划编辑	王卫疆		封面设计	苏永生
责任编辑	张 帆		版式设计	苏永生
责任校对	张若冰		责任监制	李瑞卿

出版发行	郑州大学出版社		地 址	郑州市大学路 40 号（450052）
出 版 人	卢纪富		网 址	http://www.zzup.cn
经 销	全国新华书店		发行电话	0371-66966070
印 刷	广东虎彩云印刷有限公司			
开 本	710 mm×1 010 mm 1 / 16			
印 张	10		字 数	209 千字
版 次	2024 年 9 月第 1 版		印 次	2024 年 9 月第 1 次印刷

书 号	ISBN 978-7-5773-0510-3		定 价	56.00 元

本书如有印装质量问题，请与本社联系调换。

作者简介

谭波,1979 年 7 月生,河南商丘人,法学博士后,海南大学法学院教授、博士生导师,海南大学党内法规研究中心副主任,海南省"千人专项"引才计划人选,兼任中国法学会宪法学研究会常务理事、中国法学会行政法学研究会理事、中国行为法学会行政法治分会常务理事,海南省司法厅规章规范性文件备案审查专家。1997—2004 年在中南财经政法大学攻读本科和研究生,获法学学士和法学硕士学位。2007—2010 年在中国政法大学就读,获法学博士学位。2012—2016 年在中国社会科学院法学研究所从事博士后研究,获法学博士后证书。个人主持国家社科基金两项、国家社科基金重大课题子课题一项,主持教育部基金项目、中国法学会部级课题、中国博士后基金等其他省部级项目十余项。目前已出版《宪法规范之程序性考察》及《我国中央与地方权限争议法律解决机制研究》(获董必武青年法学成果奖)等多部专著,在《当代法学》《行政法学研究》《法学论坛》等核心期刊上发表数十篇论文,多篇被《人大复印报刊资料》《新华文摘》《中国社会科学文摘》全文转载或摘登。

内容提要

　　本书的内容是关于法学学术论文写作的"方法论",分别从选题、文献的搜集和综述、论证架构、正文写作和投稿共五个方面对法学学术论文的写作技巧这一主题展开论述。本书所适用的读者群体是初入论文写作之门的法学本科生或研究生。全书所举具体示例多选自笔者已发表的研究成果。原因在于,在论文发表日益"内卷"的当下,笔者希望能够将自己在写作这些文章时从选题到具体写作再到最后发表的所思所想完整地重现在读者面前,使读者可以更为全面、真实、细致地了解一篇法学学术论文的诞生过程,并在这一过程中,逐渐领悟和学习关于论文写作的"道"与"技",从而能够对自身论文写作能力的提高有所助益。

序

让法学学术论文的花儿遍开满园

莫纪宏[*]

　　法学学术论文写作是一项工程,而要想把这项工程打造完美,就需要必要的施工图纸。"按图索骥"不是让大家死抠教条,而是实现"凡事预则立"。谭波教授的这本《法学学术论文写作技巧》实际上是他在日常开展学术"施工"时的通用图纸,是他自己习作经验的一种总结。这总结代表了他在开展学术论文写作时的倾向,具有一定的实用性,也是其在指导学生过程中经常使用的方法。从他目前所指导的研究生和本科生写作以及毕业的情况来看,这种方法还是具有一定的普适性。当然,每位导师写作的思路和方法论各有不同,不必千篇一律;就被指导的学生而言,因其情况不同,需要导师因材施教。

　　谭波教授在中国社会科学院法学研究所从事博士后研究期间,我是他的合作导师,见证了他完成博士后出站报告、博士后科学基金项目的过程,也见证了他在写作方面的成长过程。这次他又尝试将自己的写作经验公之于世,这一方面需要很大的勇气,因为这种"面世"需要接受大家的检验与品评;另一方面,这种阶段性总结实际上也会使他在下一步的写作过程中倍加努力,不厌其烦地进一步升华自己的写作经验。同时,他也告诉我,他的这本"小书"只是在培养学生的目标之下做的一种"小结",并不准备向更多人去"亮""晒"。他只是为了让自己指导的学生有更具针对性的学习"蓝本",这种态度其实更有助于他自己客观对待他这本书的成形与使用过程。

---

　　* 莫纪宏,中国法学会宪法学研究会常务副会长,中国社会科学院法学研究所所长,中国社会科学院大学法学院院长,博士生导师。

期待他这本"小书"的出版能为法学学术论文的写作带来一缕清新的微风,对于法学学术论文的工程建造来讲,越来越多的"施工说明"的出台,实际上有助于法学学术论文这一"建筑群"风格的多样化,从而也让法学研究的大花园里有更多各色的花儿。作为他的合作导师,我乐见其成,也期待他的学生或更多的法学论文写作初习者能在这本书的引导下走得更稳,变得更强。

是为序。

于中国社科院法学所

2024 年 3 月 11 日

目　录

第一章

选题的基本原则和策略

问题是研究的开端,也是论文写作的"灵魂"①。在汉语词义上,问题是指"须要研究讨论并加以解决的矛盾、疑难"②。卡尔·波普尔曾言:"我们从问题开始我们的研究。我们总是发现我们处在一定的问题境况中,而且我们选择一个我们希望解决的问题。"③为研究选择一个问题的过程就是选题。任何一项学术研究,其首要任务就是确定选题。④ 学界常言:一个好的选题,是成功的一半。选题的适当与否直接决定着研究成果质量的高低是学界的基本共识。对于一个有足够学术训练的学者,其学术成就并非取决于方法,而是选题。⑤ 因此,重视选题、学会选题对于一名研究者而言是一项极其重要的学术意识和学术训练。

在当下法学研究中,关于法学论文应当如何选题也一直是讨论的热点,不同的研究群体对于此一问题的看法也不相同。对于一个成熟的学者而言,论文选题是一件较为容易的事情;然而,对于面临论文写作的学生群体而言,如何选择一个适当的论文题目却非常困难。从笔者指导学生写作的经验来看,选题也是学生明显的研究短板,大部分学生的选题不是过大就是过小,甚至有些题目根本就不是"问题"。笔者认为,关于这一问题,除要求学生具备选题的一些前提性条件,如较为扎实的专业知识、缜密的逻辑思维能力、丰富的理论储备等,遵循一定的选题原则和策略对于提高和培养学生的选题能力也尤为重要。

---

① 参见周安平:《"问题":论文写作的灵魂》,《学位与研究生教育》2024 年第 2 期,第 1—6 页。

② 中国社会科学院语言研究所词典编辑室编:《现代汉语词典》(第 7 版),商务印书馆 2018 年版,1376 页。

③ [英]卡尔·波普尔:《无尽的探索——卡尔·波普尔自传》,邱仁宗译,江苏人民出版社 2000 年版,第 90 页。

④ 参见孙正聿:《理论思维:学术研究的"普照光"》,《学术月刊》2022 年第 3 期,第 5 页。

⑤ 参见何海波:《法学论文写作》,北京大学出版社 2014 年版,第 20 页。

一、选题的基本原则

选题的基本原则是指学生在进行选题时所依据的准则。面对高度分工化的时代,作为旨在解决社会问题的法律在调节和规范人类行为之时,其所表现出的问题也早已纷繁复杂,这其中既有理论问题,也有实践问题;既有历史问题,也有时代问题;既有概念解释问题,也有规范适用问题。因此,如何穿透表象,识别、把握、选择真实问题似已成为一项极其不易但对研究者而言又不可避免的一项作业。但是,随着学术职业的日益发达,尤其是法学界对于研究方法的自觉和重视,如何选题也并非完全无章可循,无迹可查。结合目前已有相关研究,笔者认为,就法学学术论文而言,其选题基本原则可从以下三个方面入手。

（一）应当选择有价值的问题

法学是一门实践性学科,法律本身也是实践理性的产物。无论是处于理论抑或实践层面的研究,法学论文在选题过程中应当选择具备研究"价值"的问题。而价值是一个表征关系的范畴,主要体现为主体对客体的需要。"需要,是科学研究的最根本、最内在因而也是最持久的推动力。"①法学论文中的需要主要体现为:一是理论需要;二是实践需要。因此,判断一个选题是否有"价值",标准在于这个选题是否能够满足理论或实践的需要。

具体而言,一个有价值的选题首先应当具备理论需要。理论起源于对特定对象的观察,其内涵是"指对特定事物的大量观察、经验和陈述进行系统地收集和整理",基本功能在于"解释特定的研究对象(解释功能),预测并解决该研究对象范围内的问题(预测功能)"②。反之,当一个理论不能发挥解释或预测作用时,此时就说明理论与实践、理论与理论之间产生了冲突,而这也就产生了理论需要。因此,当一个选题定位于解决理论与实践、理论与理论之间的冲突时,那这个选题无疑就是具备理论价值的。另一方面,一个有价值的选题还应当具备实践需要。满足实践需要既是法学作为一门实践性学科的基本要求,也是通过理论研究回应现实的直接体现。当下我国的各项改革与全面依法治国正在同步进行,在此过程中也势必产生诸多法律实践问题,满足实践需要原则就是要求学生在选题中应当具备强烈的现实关怀,高度关注立法、执法、司法等实践中存在的真实问题,并将这些问题作为研究起点,以"发现问题—分析问题—解决问题"为研究思路,对这些问题进行研究和解决。

恰如学者所言,法律的全部实践活动都是针对现实中存在的真实的社会问题

---

① 刘洁民:《论学术论文写作的选题原则》,《理论月刊》2008 年第 5 期,第 129 页。
② ［德］伯恩·魏德士:《法理学》,丁晓春、吴越译,法律出版社 2013 年版,第 10、12 页。

并以规范化、制度化地解决这些社会问题为旨趣。① 当然,需要格外强调的是,满足实践需要作为一种有价值选题的体现,应当避免滑入实用至上的陷阱,即一种过于强调选题应与实践需求相联系,并以满足实践需求为唯一或终极目的,其后果已经被学者所揭露和批评,"就法学研究的功能而言,实用标准也无可厚非,但一旦研究者以为这就是学术研究的终极目的,而不知道学术本身也是目的,势必使得中国法学研究服务于立法、司法目的而丧失自身学术性的独立品格"②。因此,在选题过程中,既要坚持面向实践,将实践中所产生的现实问题作为选题的主要来源,同时要避免以对实践是否有用作为唯一评价标准,防止实用至上对学术研究的本体性品格造成侵害,达到选题学术性与实践性二者的平衡。

综上所言,学生在选题过程中,唯有选择有价值的"问题",才可能做出自己的学术贡献,法学研究也才能保持经久不衰的生命力,法律也才能随着社会的发展而不断完善,我国的法治建设也才能达到既定目标。

(二)应当选择易操作的问题

研究者在确定一个选题的过程中,应当结合自己的专业知识背景、理论储备和分析能力,从而选择出最适合自己研究的题目,这就是选题应当易操作的基本内容。在一个研究者的研究过程中,随着主客观条件的变化,对于何者为易操作性选题的认识也在不断发展。因此,易操作性仅为相对性而非绝对性标准。笔者认为,一个易操作性的选题首先体现为研究者熟悉这一问题。随着目前法学研究的日益精细化,不仅各部门法之间,甚至在同一部门法内部也具有明显的"知识边界",这也就在无形之中形成了"知识壁垒"。因此,对于研究者而言,无论是从经济角度,还是从专业角度,研究者应尽量选择自己熟悉的问题进行研究,"如果对某一问题压根就不熟悉,甚至连在这一领域最知名的专家都有所不知,那么要做这样的研究自然是难有成效"③。其次,易操作性选题体现为尽量选择"小题大做"。"小题大做"的核心在于对一个"小"的问题进行全面、深入的研究。过大的题目往往会有两方面缺陷,即难以操作、无法入手和容易变成对现有理论的综述式研究。④ 与"大题大做"和"大题小做"相比,"小题大做"可以使研究者集中研究精力于一个"小"问题,充分利用现有材料,从而使这一问题的研究向前更进一步。这类选题不仅容易做出相应的学术贡献,而且对于提升研究者的研究能力和研究自信都有极大助力。需要注意的是,此处的小题大做中的"小"也并非指任何"小"问题都可

---

① 参见姚建宗:《论法律工程范式》,《法制与社会发展》2024 年第 1 期,第 53 页。

② 魏建国:《法学研究如何学术——学术史方法的重申》,《北方法学》2014 年第 2 期,第 125 页。

③ 胡玉鸿:《法学研究中的问题意识、基础能力与资料准备》,《法治社会》2023 年第 3 期,第 90 页。

④ 参见陈瑞华:《论法学研究方法》,法律出版社 2017 年版,第 263 页。

以成为研究选题,关键是需要看这个问题能否与相关理论、重大问题产生内在联系。当然,随着研究者知识阅历的提升,小题大做也并非"绝对律令"而不可更改,对此,我国著名史学家严耕望先生在其《治史三书》(增订版)一书中就认为"青年时代,应做小问题,但要小题大做;中年时代,要做大问题,并且要大题大做;老年时代,应做大问题,但不得已可大题小做"①。最后,易操作性原则要求尽量选择文献材料有保障的选题。如果说观点是文章的"灵魂",那么相关文献、数据、案例则是支撑文章的"血肉"。有些选题虽然具备理论意义与实践性,但如果缺乏足够的材料,不可能成就一篇高质量的学位论文②。依据有清一代学术影响最大的"桐城学派"的治学路径,一篇文章应当包括义理、考据和辞章三个部分,其中考据指的就是文献材料。由此可知,文献材料对于选题的重要性。细言之,在选题中一方面应当选择相关文献材料容易获取的问题。如果选题所涉及的相关文献难以获取,那研究自然就无法进行下去。另一方面,应当选择已有相关文献材料述及的问题。学术研究是一项薪火相传的事业,传承性是学术研究的规定性内容,其主要表现为选题应当建立在已有研究的基础之上。如果所选问题是没有相关文献可查、资料相当匮乏的问题,那么就需要重新评估此问题是否真实存在。

(三)应当选择感兴趣的问题

常言道,兴趣是最好的老师。无论是从事自然科学还是社会科学的研究,研究者对研究对象的兴趣与研究成果之间具有高度的内在关联。可以说,一切科研活动都离不开兴趣。从形式逻辑上来说,兴趣是一项伟大研究成果的必要条件。因此,作为法学研究的一环,法学论文在选题过程中应当高度重视兴趣的重要意义和作用。细言之,兴趣对于选题而言首先具有激励功能。作为初入写作之门的学生,无论是基础知识还是理论储备抑或分析能力都稍有不足,而选题本身就是一件艰辛和专业的学术活动,需要付出极大的心力方可有所收获,此时如果选择不感兴趣的问题,那势必会导致缺乏研究的动力、信心以及恒心,间接加剧论文写作的难度。毕竟,"在毫无兴趣的情况下,让一个人从事对某一对象或领域的研究是非常困难的"③。因此,唯有选择感兴趣的问题,才可以激励学生克服畏难情绪,充分发挥其主观能动性,主动采取多种措施和利用各种条件解决论文写作中可能遇到的问题,从而为论文的成功完成打下基础。其次,兴趣之于选题具有指引功能。论文写作是追求创新的过程,而创新往往建立在对某一个领域持续、专注、深入的研究,这就要求学生在选题时不能漫无目的、不着边际,而应将研究精力聚焦于一个领域。对

---

① 严耕望:《治史三书》(增订版),上海人民出版社2016年版,第56页。
② 梁慧星:《法学学位论文写作方法》,法律出版社2006年版,第15页。
③ 张世明:《论学术兴趣之于学术研究的价值》,《淮北师范大学学报(哲学社会科学版)》2013年第1期,第31页。

此，诚如黑格尔所言："一个志在有大成就的人，他必须，如歌德所说，知道限制自己。反之，那些什么事都想做的人，其实什么事都不能做，而终归于失败……一个人在特定的环境内，如欲有所成就，他必须专注于一事，而不可分散他的精力于多方面。"①因此，在从事论文写作时，学生首要做的就是确立自己的研究领域并在这一领域内进行选题，而在这一过程中，兴趣则发挥着重要的指引作用。

二、选题的基本策略

选题作为一项有目的、有计划的学术活动，除应当坚持一定的基本原则之外，在实践中，还可以通过遵循相关的路径或方向发现值得研究的问题，这就是选题策略的基本内容。下文笔者结合自身的科研经验，就这一问题展开陈述。

（一）密切关注国家大政方针

在全面依法治国的背景下，法治实践是中国特色社会主义实践中的重要组成部分，其与国家大政方针之间也有着紧密的联系，往往一项重大的法治改革措施都是作为国家的"大政方针"来开启和推动，因此，在选题过程中，应当高度重视国家"大政方针"中所蕴含的学术问题。2023 年 2 月，中共中央办公厅、国务院办公厅共同印发《关于加强新时代法学教育和法学理论研究的意见》，对"加快构建中国特色法学学科体系、学术体系、话语体系"提出要求，需要法学研究者树立把"法学理论研究放在党和国家工作大局中谋划和推进"的意识，因此，如何在当下紧紧围绕新时代全面依法治国实践，切实加强扎根中国文化、立足中国国情、解决中国问题的法学理论研究，总结提炼中国特色社会主义法治具有主体性、原创性、标识性的概念、观点、理论，就成为法学教育和法学理论研究工作者需要重点关注的问题。其目标还是要实现知识的创造性转化、创新性发展，以写出"更接地气"的法学论文，"把论文写在祖国的大地上"，同时，不做西方理论的"搬运工"，立足于法学实务开展研究，服务推进全面依法治国实践。2024 年 1 月，笔者和自己指导的研究生发表了论文《论"公职人员"对监察对象概念统合的纵深引领》②，这实际上是在监察体制改革进行的五年后再次对监察法领域的基本概念展开整体回应式研究的尝试，也是在关注中国特色社会主义法治中具有标识性概念的基础上展开研究的尝试。实际上这也是近年来作者在行政法、监察法甚至宪法领域开展概念"联动""统合"研究的系列努力之一，诸如行政授权、复合式行政行为、国家工作人员等不同部门法的概念在公法视域的统一审视下显得更加亲切，而以宪法为核心的中国

---

① ［德］黑格尔：《小逻辑》，贺麟译，商务印书馆 1980 年版，第 174 页。

② 参见谭波、张增辉：《论"公职人员"对监察对象概念统合的纵深引领》，载《河南财经政法大学学报》2024 年第 1 期，第 1—12 页。

特色社会主义法律体系的构建也需要这样的理论探索和重点关注。下面，本书将从诸多具有中国特色社会主义法治属性的思想、范畴、概念中加以总结、反思，以期告诉读者如何在当下使"概念法学"得以获得新生，甚至衍生出"宪法概念学""宪法范畴学"等新鲜学科的诸多理论期许。这其实也是回应国家大政方针发展变化的一种尝试，是对宪法政策在新时代中国发展变化的理论映射。

1. 例一：习近平新时代中国特色社会主义思想之构成与思想延续

（1）习近平新时代中国特色社会主义思想之构成

习近平新时代中国特色社会主义思想作为党的事业和国家建设的指导思想，属于一种有机的思想体系，涉及政治、经济、社会、生态、军事、文化等多个方面，其组成部分主要包括：①习近平生态文明思想——党的十八大以来，以习近平同志为核心的党中央从中华民族永续发展的高度和共同建设美丽地球家园的大局出发，创造性提出一系列极具中国特色、时代精神、引领人类文明发展进步的新理念、新思想、新战略，系统回答了为什么建设生态文明、建设什么样的生态文明、怎样建设生态文明等理论和实践问题，形成了习近平生态文明思想。②习近平强军思想——2017 年党的十九大报告中把"坚持党对人民军队的绝对领导"上升为新时代坚持和发展中国特色社会主义的基本方略。这次大会把习近平新时代中国特色社会主义思想和习近平强军思想郑重写入党章。③习近平经济思想——2017 年12 月18 日至20 日，中央经济工作会议在北京举行。在实践中形成了以新发展理念为主要内容的习近平新时代中国特色社会主义经济思想。④习近平外交思想——新时代中国对外工作的根本遵循和行动指南。2018 年，中央外事工作会议确立了习近平外交思想的指导地位。⑤习近平法治思想——2020 年11 月16 日至11 月17 日，习近平法治思想正式提出。⑥习近平文化思想——2023 年10 月7 日至8 日，全国宣传思想文化工作会议首次提出习近平文化思想，构成了习近平新时代中国特色社会主义思想的文化篇。

（2）选题示例——以习近平文化思想为例

"2023 年6 月2 日，中共中央总书记、国家主席、中央军委主席习近平在中国历史研究院出席了文化传承发展座谈会并发表重要讲话，从党和国家事业发展全局战略高度，对中华文化传承发展的一系列重大理论和现实问题作了全面系统深入阐述，具有很强的政治性、思想性、战略性、指导性。习近平总书记指出，中国文化源远流长，中华文明博大精深。只有全面深入了解中华文明的历史，才能更有效地推动中华优秀传统文化创造性转化、创新性发展，更有力地推进中国特色社会主义文化建设,建设中华民族现代文明。"①以该段材料为基础,结合习近平文化思想的背景,可进一步提炼出"习近平文化思想背景下的历史文化传播"这一选题。

笔者在 2020 年 11 月 17 日中央全面依法治国工作会议结束时就开始关注习近平法治思想领域的选题,先后独立发表或与他人合作发表了 11 篇有关习近平法治思想的各类论文,有些论文立足于习近平法治思想领域的专题分析,也不失为一种较有针对性的选题路径。如图 1-1 所示。

习近平法治思想中的建设中国特色社会主义法治体系
——以《法治中国建设规划(2020—2025 年)》为切入

谭 波

摘 要:建设中国特色社会主义法治体系是全面推进依法治国的总目标,也是法治中国建设指导思想的具体体现。习近平法治思想是全面依法治国的根本遵循和行动指南。《法治中国建设规划(2020—2025 年)》是对习近平法治思想的具体践行,是对《中共中央关于全面推进依法治国若干重大问题的决定》的深入推进,是中国共产党对法治国家建设的持续接力和总体擘画,中国特色社会主义法治体系的建设在其中承接着中国特色社会主义法治道路和中国特色社会主义法治理论。中国特色社会主义法治体系的建设,应从完备的法律规范体系实现良法善治入手,通过高效的法治实施体系实现执法、司法与守法联动,以严密的法治监督体系为依托实现全方位监督,建设有力的法治保障体系作为法治中国建设的坚实后盾,并以完善的党内法规体系促进长期全面依规治党,在保证政治方向正确的基础上,为实现"两个一百年"的总体奋斗目标提供持续动力。
关键词:习近平法治思想;中国特色社会主义;《法治中国建设规划(2020—2025 年)》;法治体系

图 1-1 《习近平法治思想中的建设中国特色社会主义法治体系——以〈法治中国建设规划(2020—2025 年)〉为切入》,发表于《求是学刊》2021 年第 4 期,《人大复印报刊资料(法理学 法史学)》2021 年第 12 期全文转载

---

① 《讲好中国历史 向世界传播中华优秀传统文化》,2023 年 7 月 12 日,人民网,https://baijiahao.baidu.com/s?id=1771164801091832980&wfr=spider&for=pc,最后访问日期,2024 年 3 月 7 日。

2. 例二：法治与治国在中国古代的思想延续

法治是法学研究中的重点关键词，"良法善治"的提出既让我们能够展望未来的法治建设目标，也能够因此回顾古今中外的法治思想的演进。

（1）中国古代关于"治"的提法

中国历经两千多年的封建统治，留下了许多关于"治"的经典思想和论述。如"治大国若烹小鲜""修身、齐家、治国、平天下""天下大治""郡县治天下安"等。这些经典史籍中的论述集中体现着中国古代对"治"的理解。

（2）新中国"法治"思想的进步与延续

新中国成立以来，在延续古代关于"治"的基本理念的基础之上，在法治领域关于"治"的理解经历了从法制到法治和从法制统一到法治统一的历史性转变，这表征了在社会主义建设的不同阶段党和国家对"法治"的理解和认识的提升，反映了法治所蕴含的普遍价值和意义已经得到高度的重视。

（3）国家治理体系与中国特色社会主义法治体系的对应

国家治理体系（六大领域）与中国特色社会主义法治体系（五方面组成）之间的关系是多元的，不是单一的映射关系，应该涵盖"一对多""多对一"甚至"多对多"的多种映射形式，如图1-2所示。

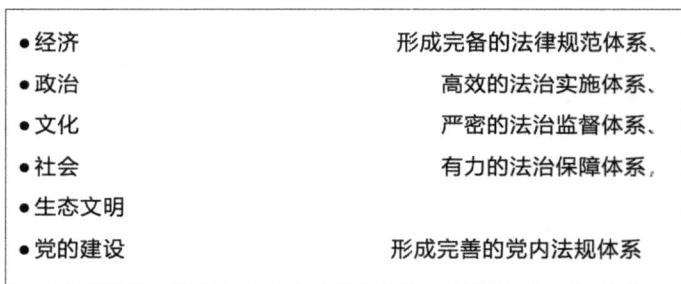

图1-2　国家治理体系中的六大领域与中国特色社会主义法治体系的五大领域之对应关系

（4）选题示例

结合国家治理体系和中国特色社会主义法治体系建设之间的内在关联，可以提炼出一些相关选题，如《习近平法治思想的"治论"理念解读》。如图1-3所示。

求是学刊　2023年第3期

·深入学习贯彻党的二十大精神·

习近平法治思想的"治论"理念解读

谭　波

摘　要：习近平法治思想"治论"理念内含"法治论""治理论""社会主义现代化国家论"等有机组成部分，其围绕"法治"和"治理"衍生诸多新范畴，且新范畴及其关系在运行中表现形式多层多元。国家治理体系与中国特色社会主义法治体系有互动关系。"治理"体系在"法治"体系的配合下形成国家综合治理、政治治理、经济和社会治理、文化治理、生态文明治理、政党治理的不同场域及具体特征。"良法善治"对上述治理场域有不同的回应，包括宪法精神与合宪性审查、多元立法思路、法治监督和法治保障及全球"善治"、涉外"善治"和突发事件应对"善治"。"社会主义现代化国家论"所对应的现代化之治需要良法(治)善治(理)。

关键词：习近平法治思想；"治论"；治理；法治；社会主义现代化国家

图1-3　《习近平法治思想的"治论"理念解读》发表于《求是学刊》2023年第3期，该文被《人大复印报刊资料(法理学 法史学)》2023年第11期全文转载

(二)扎根于自己的"学术旨趣"

所谓"学术旨趣"就是指自己的研究兴趣或主要研究范围，重点表现为围绕一个主题进行持续和深入的研究，从而发表系列相关论文。一般而言，当研究者长期深耕于某一领域的研究时，相比他人更容易发现其中所存在的问题，因此，从自己的"学术旨趣"中选择论文的题目也是一种常见的选题路径。

以笔者的个人研究为例，自2004年起，笔者长期关注我国立法制度理论与实践的发展，将其作为自己的"学术旨趣"，通过持续和深入的研究，在其中发现了诸多问题，拓展了自己的一些"学术空间"，并围绕这些问题发表了系列论文。相关论文如图1-4所示。

	篇名	作者	刊名	发表时间	被引	下载	操作
□ 1	关于立法听证发展的几点思考	谭波;杨治坤	广西政法管理干部学院学报	2004-01-05	5	169	
□ 2	关于网络隐私权立法的思考	谭波	河南科技	2006-05-15	11	208	
□ 3	论完善中央与地方权限争议立法解决机制	谭波	法学论坛	2009-05-10	13	416	
□ 4	论我国中央与地方权限争议立法解决机制之完善	谭波	河南工业大学学报(社会科学版)	2009-09-20	1	176	
□ 5	我国地方立法制度的宪政定位与完善	谭波	行政论坛	2012-07-24 11:32	8	343	
□ 6	现行立法监督程序启动保障机制三十年之启示与其完善	谭波	兰州学刊	2012-10-15	9	152	
□ 7	粮食流通管理的"大部制"模式研究——以《粮食法》立法为突破	谭波	价格月刊	2012-11-15	3	139	
□ 8	论我国经济特区立法的改革路径	谭波;黄瑱	江汉大学学报(社会科学版)	2013-06-20 14:41	5	300	
□ 9	新法背景下市级立法主体的权力运行路向及其制度辅ового——以河南省为例	李松刚;刘白瑞;谭波	河南工业大学学报(社会科学版)	2015-06-20	0	233	
□ 10	我国立法事权的制度立论及其改革之基本原则	谭波	学习论坛	2015-11-15	0	160	
□ 11	设区的市地方立法精细化研究——以河北省为例	谭波;侯梦凡	江汉大学学报(社会科学版)	2018-10-22 09:52	14	909	
□ 12	论体系化背景下地方立法质量评价机制的完善	谭波	河南财经政法大学学报	2020-01-05	14	458	

图1-4　笔者关于立法制度及其运行过程研究的相关文章

　　责任一直是法学研究领域中不可回避的重要问题,笔者也曾长期关注法治建设中权力与责任的统一性这一主题,并围绕这一主题收集了许多素材,这其中也包括对一些重点法律条文的收集与关注。如《中国共产党党组工作条例》第四十一条规定:"党组(党委)及其成员、有关党组织及其工作人员应当严格按照本条例履行职责。违反本条例的,根据情节轻重,给予批评教育、责令作出检查、诫勉、通报批评或者调离岗位、责令辞职、免职、降职等处理,或者依规依纪依法给予处分;涉嫌犯罪的,依法追究刑事责任。对发生集体违反本条例行为的,或者在其他党组(党委)成员出现严重违反本条例行为上存在重大过失的,还应当追究党组(党委)书记的相关责任。党组(党委)重大决策失误的,对参与决策的党组(党委)成员实行终身责任追究。党组(党委)成员在讨论和决定有关事项时,对重大失误决策明确持不赞成态度或者保留意见的,应当免除或者减轻责任。"对比《重大行政决策程序暂行条例》第三十八条的规定,"决策机关违反本条例规定的,由上一级行政机关责令改正,对决策机关行政首长、负有责任的其他领导人员和直接责任人员依法追究责任。决策机关违反本条例规定造成决策严重失误,或者依法应当及时作出决策而久拖不决,造成重大损失、恶劣影响的,应当倒查责任,实行终身责任追究,对决策机关行政首长、负有责任的其他领导人员和直接责任人员依法追究责任。决策机关集体讨论决策草案时,有关人员对严重失误的决策表示不同意见的,按照规定减免责任",大家会有似曾相识之感——上述党内法规与行政法规有不谋而合的立法思路——其实两者的出台时间都是 2019 年。另外,我们在此基础上进一步关注《中华人民共和国公务员法》第六十条,即"公务员执行公务时,认为上级的决定或者命令有错误的,可以向上级提出改正或者撤销该决定或者命令的意见;上级不改变该决定或者命令,或者要求立即执行的,公务员应当执行该决定或者命令,执行的后果由上级负责,公务员不承担责任;但是,公务员执行明显违法的决定或者命令的,应当依法承担相应的责任",会发现党规与国法本就是在同一立法思路之下展开,这样也就说明了权责统一不仅是国法要追求的目标,也同样是党规所致力打造的格局。以这些材料为基础,结合笔者长期对此一主题的关注,选择以《权责统一:责任型法治政府建设的基本思路》为题写作论文,并成功发表,具体如图 1-5 所示。

权责统一：责任型法治政府建设的基本思路

谭　波

（海南大学 法学院, 海南 海口　570228）

摘　要: 权责统一是全面推进依法行政和法治政府建设中持续推进的制度目标,其提出和最终确立也显示了中国责任型法治政府建设的需求。权责一致需要彰显责任对权力运行的辅助推进功能,但不能仅仅局限于权责清单的表面落实。对权责一致的落实,应该有充分的类型化总结与情形列举,从决策执行的不同权力架构中确立责任定位,决策层与执行层都有着相对独立的担责情形,已经成为目前国家责任科处中的一种普遍趋势。为强化权责统一原则的推行,应从理念上强调机构编制法定化的新型执法理念。权责统一的严格推行,实际上也是进一步建构法理型统治的具体表现。同时强调宪法责任的引领和落实,区别于政治责任,并对责任进行体系化处理。

关键词: 责任型法治政府; 权责统一; 依法行政; 权责清单; 机构编制法定化

图 1-5　《权责统一:责任型法治政府建设的基本思路》发表于《西北大学学报(哲学社会科学版)》2020 年第 4 期,该文被《人大复印报刊资料(宪法学 行政法学)》2020年第 10 期全文转载

（三）时刻不忘学术热点

关注学术热点也是选题过程中应当高度重视的一条选题渠道,因为学术热点不仅通常与时下社会发展的热点紧密相关,而且也是大多数期刊与编辑们的钟爱对象。有时,学术热点及其背后的社会热点问题常以"问题束"的形式出现,也就是说,在这一问题内部蕴含着诸多有待解决且互有联系的"问题点",能够为研究者提供广阔的研究"场地"。因此,我们在选题时务必高度关注当下法治实践中学术"热力值较高"的领域。以行政授权和行政委托问题的研究为例,近几年来,随着权力下放、"放管服"等行政体制改革措施的深入推进,行政授权与行政委托又

"焕发青春",再次成为行政法学界关注的热点问题。笔者收集和分析了现行有效法律对授权和委托的具体规定,并对其展开类型化分析,结合中外理论研究现状与我国的制度发展趋势,以《行政授权与行政委托:衍生性权力的法律规制》为题开展研究,如图1-6所示。

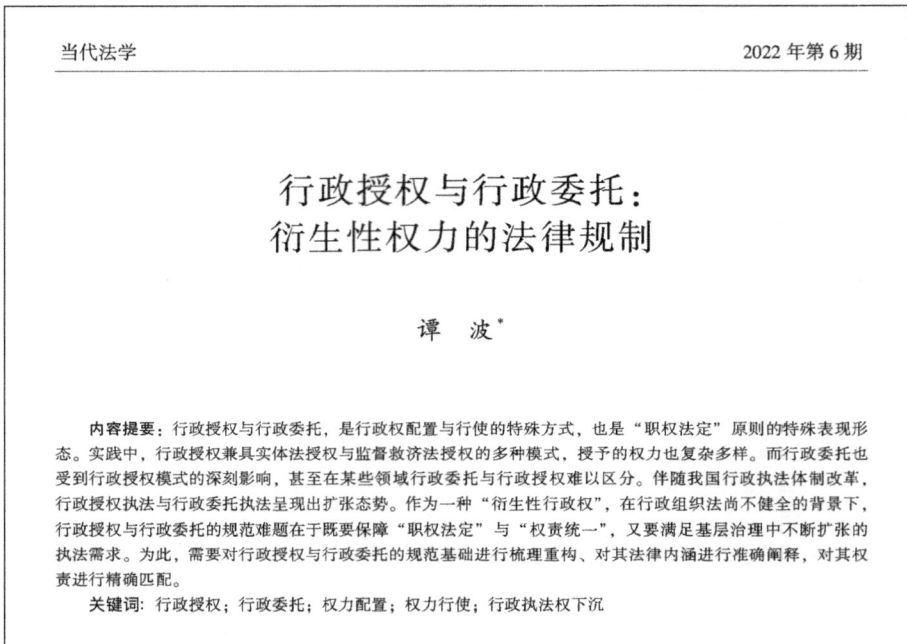

当代法学 2022 年第 6 期

行政授权与行政委托:
衍生性权力的法律规制

谭 波*

内容提要: 行政授权与行政委托,是行政权配置与行使的特殊方式,也是"职权法定"原则的特殊表现形态。实践中,行政授权兼具实体法授权与监督救济法授权的多种模式,授予的权力也复杂多样。而行政委托也受到行政授权模式的深刻影响,甚至在某些领域行政委托与行政授权难以区分。伴随我国行政执法体制改革,行政授权执法与行政委托执法呈现出扩张态势。作为一种"衍生性行政权",在行政组织法尚不健全的背景下,行政授权与行政委托的规范难题在于既要保障"职权法定"与"权责统一",又要满足基层治理中不断扩张的执法需求。为此,需要对行政授权与行政委托的规范基础进行梳理重构、对其法律内涵进行准确阐释,对其权责进行精确匹配。

关键词: 行政授权;行政委托;权力配置;权力行使;行政执法权下沉

图1-6 《行政授权与行政委托:衍生性权力的法律规制》被《人大复印报刊资料(宪法学 行政法学)》2023 年第 3 期全文转载,并被《法治日报》2023 年 2 月 22 日第 11 版做"观点新解"

我们还可以综合行政执法协作为例。综合行政执法是我国行政执法改革领域的一项重要内容,其不仅涉及规范层面的权力划分、具体运作和责任设定,而且也直接与现实的机构改革有关,因此,其往往也成为目前行政法治实践中的"重头戏"。通过收集有关文献可知,目前在规范层面有很多地方规定,如《海南省综合行政执法协作暂行规定》(以下简称《暂行规定》)第四条第一款规定:"市县综合行政执法部门(以下简称综合行政执法部门)根据国家和本省有关规定,在省人民政府决定的综合行政执法改革范围内,集中行使行政处罚权以及与之相关的行政检查权、行政强制权等职权,加强日常执法巡查,及时依法查处行政违法行为。"《暂行规定》同条第二款规定:"市县业务主管部门(以下简称业务主管部门)根据国家和本省有关规定,履行政策指导、行业监管、风险研判等职责,按照"谁主管谁监管"的原则,落实监管主体责任,负责行业日常监管工作,不得以相关行政处罚权划转为由不履行或者怠于履行监管职责,配合做好综合行政执法职权行使所涉及的检测、检验、检疫、鉴定等技术支撑工作。"这两款分别规定了综合行政执法部门与业务主管部门之间的权力分工。同时,《暂行规定》在第七条和第八条分别规定了综合行政执法部门与业务主管部门之间在行使职权中的配合与协作。以此为突破点,笔者以《论市场监管权与综合行政执法权之协调》为题开展研究,在该省地方立法出台之前对此问题进行了剖析。如图 1-7 所示。

西北大学学报(哲学社会科学版)
2023 年 5 月,第 53 卷第 3 期,May,2023,Vol.53,No.3
Journal of Northwest University(Philosophy and Social Sciences Edition)

【学习宣传贯彻党的二十大精神】

论市场监管权与综合行政执法权之协调

谭　波,赵　智

(海南大学 法学院,海南 海口　570228)

摘　要:党的二十大报告提出要强化多个领域的市场监管,同时将优化政府职责体系与深化行政执法体制改革予以明确。市场监管与综合行政执法作为党和国家机构改革后分道重组的两类行政权力,同样需要协调,而其协调首先起步于两类权力所依托的法治保障之间的区别。市场监管权力改革的法治保障呈现系统化趋势,而综合行政执法更多通过"文件"进行权力划转。市场监管与综合行政执法的权力协调首先应考虑进一步组织化、法定化,同时拓展联合监管的适用,并补强市场监管等业务职能部门向综合行政执法部门的权力划转。在此基础上,中央和地方都应进一步通过立法明确各项权力的去留,更深刻关注行政处罚法等新法的内在精神,多层次倒逼各方加强执法保障,实现权力协调在各层面的综合效应。

关键词:党的二十大报告;市场监管;综合行政执法;权力协调

中图分类号:D912.1　　文献标识码:A　　DOI:10.16152/j.cnki.xdxbsk.2023-03-007

图 1-7　《论市场监管权与综合行政执法权之协调》(源于对实践需求的关注,一定程度上回应了海南省综合行政执法改革面临的难题)

对于一篇法学论文而言,选题的重要性,再怎么强调也不为过。以上基于笔者自己科研的实际经历与成果,阐述了法学论文选题时应主要遵循的基本原则和策略。需要特别指出的是,法学论文的选题是一种"实践理性",研习者在遵循上述原则和策略的基础上,还应当在实践中不断琢磨和推敲每一个选题的适当与否,在这一过程中不断提升自己的选题能力,凝练自己的问题意识,实现由"量"到"质"的突破。

第二章

文献搜集与综述

　　前已述及,学术研究是一项薪火相传、继往开来的事业,这意味着任何一项研究都不可能是"平地起高楼"或"无中生有",而只能是在前人已经开拓与积累的知识的基础之上,即所谓"站在巨人的肩膀上"开展的研究。"学术论文要有根有据、有所创新,都必须建立在文献基础上。有根有据,就必须拿文献说话;有所创新,就必须比对现有文献。"①因此,在选题确定之后且正式开始写作之前,研究者还需要对这一问题的目前研究现状有充分的了解,这一过程即是文献综述。时至今日,已经没有人怀疑文献综述对于论文写作的重要性,特别是在"信息爆炸"的今天,如果缺少文献综述,那么就将失去一项评价论文优秀与否的关键指标,可以说,全面、缜密、逻辑清晰的文献综述是一篇优秀论文的必备组成部分。笔者认为,文献综述可以分为两部分,文献的搜集,即应该从哪里找到文献;文献的分析,即将搜集到的文献按照一定的方法进行分析和阐述,下文将围绕这两部分依次展开。

一、文献的搜集方法

　　法学研究的文献主要包括学术论著、期刊论文、案例、立法资料等,每一种文献的搜集、检索方法也各有不同。

　　首先,学术论著类文献的搜集渠道主要包括各类图书馆藏机构和出版机构的网站与实体店面,关键在于研究者要能及时关注最新出版的著作。对于此,一方面要及时关注出版社的最新出版信息,另一方面由于现在大部分书籍已经电子化,如"中国国家数字图书馆""超星数字图书馆"等,因此研究者也可以通过这些渠道进行快速检索查询。另外,京东、亚马逊等网站也可以检索到最新的出版书籍。值得注意的是,目前法学界也有学者将本学科的书目进行汇总并持续更新,如在宪法学

---

① 何海波:《法学论文写作》,北京大学出版社2014年版,第55页。

领域,由纪庆全、褚唯序和张阳媚编录的《宪法学书目汇览》和《宪法学译著书单》;在行政法学领域,由何海波、王志和施立栋编录的《行政法学书目汇览》,这些都是我们了解学科最新著作的途径。

其次,对于期刊论文类文献,应当重点关注在核心期刊上发表的论文。目前我国学界公认的核心期刊主要分为三类,分别为中国法学核心科研评价来源期刊(China Legal Science Citation Index,简称"CLSCI")、中文社会科学引文索引(Chinese Social Sciences Citation Index,简称"CSSCI")来源期刊和《中文核心期刊要目总览》来源期刊。截至 2024 年 8 月,CLSCI 来源期刊一共 27 种,分别为:《中国社会科学》《中国法学》《法学研究》《法学家》《中外法学》《法商研究》《法学》《法律科学(西北政法大学学报)》《法学评论》《政法论坛》《法制与社会发展》《现代法学》《比较法研究》《环球法律评论》《清华法学》《政治与法律》《当代法学》《法学论坛》《法学杂志》《华东政法大学学报》《中国刑事法杂志》《东方法学》《行政法学研究》《中国法律评论》《民主与法制》,以及 China Legal Science、Frontiers of Law in China;而以法学为例,其涵盖的 CSSCI 来源期刊一共 27 种,分别为:《比较法研究》《当代法学》《东方法学》《法律科学(西北政法大学学报)》《法商研究》《法学》《法学家》《法学论坛》《法学评论》《法学研究》《法制与社会发展》《国家检察官学院学报》《行政法学研究》《华东政法大学学报》《环球法律评论》《清华法学》《现代法学》《政法论丛》《政法论坛》《政治与法律》《中国法律评论》《中国法学》《中国刑事法杂志》《中外法学》《财经法学》《法律适用》《知识产权》;法学类 CSSCI 扩展版来源期刊共 18 种,分别为:《北方法学》《地方立法研究》《武大国际法评论》《竞争政策研究》《法治现代化研究》《法学杂志》《法治研究》《甘肃政法大学学报》《国际法研究》《河北法学》《河南财经政法大学学报》《交大法学》《科技与法律》《南大法学》《苏州大学学报(法学版)》《中国海商法研究》《中国应用法学》《中国政法大学学报》;另外,还有法学类 CSSCI 集刊 30 多种。而《中文核心期刊要目总览》(2023 年版)的法学类来源期刊则有 30 种,分别为《中国法律评论》《交大法学》《法治研究》《中国法学》《法学研究》《中外法学》《法学》《法律科学》《法学家》《清华法学》《法商研究》《当代法学》《政治与法律》《现代法学》《法学评论》《政法论坛》《比较法研究》《法制与社会发展》《环球法律评论》《华东政法大学学报》《法学论坛》《国家检察官学院学报》《法学杂志》《东方法学》《行政法学研究》《法律适用》《中国刑事法杂志》《政法论丛》《河北法学》《知识产权》。

上述期刊在促进法学研究积累和交流、推动我国法学研究成果传播及其高质量发展方面发挥着举足轻重的作用,当然这并非意味着在这些期刊上发表是评价文章质量的唯一标准,具体评价指标及其合理度还需具体分析,但这些期刊的权威性已经得到学界的普遍认可。因此,在搜索文献时应当重点关注这些期刊上已发表的文章。此外,在上述文章进行分析和使用的过程中,还应该关注《人大复印报刊资料》《新华文摘》《中国社会科学文摘》《高等学校文科学术文摘》等转载类或文摘类刊物对上述期刊文章的评价,人大复印报刊资料中心目前也已经开始进行哲学社会科学主文献的评选,入选"哲学社会科学主文献平台"的文献不足所有正式发表文献的 1%。

最后,司法案例是法学研究文献的重要组成部分,尤其是对于一些实证类研究,无论是针对经典个案的研究,还是对具有普遍共性的类案研究,司法案例都是必不可少的。随着大数据和人工智能的发展,通过对海量案例进行收集、处理和分析的研究模式也正在发展成为法学研究的新趋势。因此,掌握较多的案例收集渠道对于研究者而言也是一项必要的学术技能。目前,国内案例类的收集渠道主要有中国裁判文书网、北大法宝、"法信"数据库、把手案例、无讼、元典、中国法律资源库、威科先行法律信息库、最高人民法院数字图书馆等;国外案例的收集渠道主要有 Westlaw Next、Lexis® 全球法律数据库等学术资源。

二、文献综述的写法

(一)观点抽象、表态法

"观点抽象、表态法"是文献综述中最为常见也是最为基础的写法,其核心在于归纳和总结学者们针对同一问题或同一主题的观点,并将这些观点按照一定标准进行排列,从而概括出这一问题目前的研究现状,必要时在此基础上提出作者对这一问题的观点。

以《论复合式行政行为的类型化及其法治改造》①一文为例,如图 2-1 所示,该文在讨论"复合式行政行为"这一概念的发展脉络时,将郑春燕、方世荣和谭冰霖等学者的观点进行了归纳,从而使读者可以对这一概念的发展有基本的了解。这就是一种典型的观点抽象、表态法。

---

① 参见谭波、张增辉:《论复合式行政行为的类型化及其法治改造》,《河南财经政法大学学报》2023 年第 3 期,第 1—13 页。

一、复合式行政行为法治化的实践刚需

复合式行政行为实际上是着眼于现代社会行政主体作出行政行为时主体（多元）认定、行为（复合意志）过程与（多元主体）责任承担认定的实际需求。在理论层面，有很多学者之前对其有相应的学术关注，比如郑春燕（2009 年）曾就程序裁量下的复合式行政行为进行探讨，并就其行政法律关系的展开

● **收稿日期**：2022-12-18

　　基金项目：本文是 2020 年国家社科基金一般项目"央地立法权的事权配置思路与行使限度研究"（项目编号：20BFX033）、2022 年海南省法学会法学研究委托重点课题"海南自贸港损害营商环境行为责任追究问题研究"［项目编号：HNFX（WT）2022-02］的阶段性成果。

　　作者简介：谭波，男，海南大学法学院教授、博士生导师，法学博士、博士后，研究方向为宪法学、行政法学；张增辉，男，海南大学法学院博士研究生，研究方向为宪法学、行政法学。

1

河南财经政法大学学报　　　　　　　　　　　　　　　　　　　　2023 年第 3 期

加以具体研究。其以温州市瓯海区梧田派出所抽奖办理暂住证的行为为例具体分析，认为"公安机关在此过程中拥有决定办理暂住证登记的权力（第一性）、决定采取抽奖形式的权力（第一性）和要求行政相对人履行契约义务的权利。前二项积极法律地位若受到行政相对人的阻碍，公安机关可通过自行强制执行或申请法院强制执行的方式获得救济"［1］。但她同时也对行政契约履行中的权利受侵犯后如何救济提出疑问，认为如果借鉴域外经验，则需要面临规范上的修改和制度上的调整。方世荣和谭冰霖（2013 年）曾对"参与式行政"与行政行为理论的发展作出探究，认为所谓的"参与式行政"的行政行为实际上是行政主体行政行为和他方主体法律行为相融合的复合形式，缺少任何一方合法行为的作出，这种复合形式的行政行为都是不合法的，同时应将行政行为具有的原"单方意志性"特征发展改进为行政行为具有"共同意志性"与"单方名义性"相复合的特征［2］。可见，学者们对复合式行政行为或行政行为的复合性有所关注，但这种关注还是主要基于当时非强制性行政行为与行政参与理论的发展，可以说，其所理解的"复合"主要还是高权行政和柔性行政的复合，外延相对较为狭窄。实践中，有些实务界人士对"行政处罚并用"有所关注，并通过使用"复合违法"的概念来探讨确立复合式行政行为的必要性，同时提出了一个复合违法行为中的处罚并用、一个复合违法行为中复合主体的处罚并用、一个单一违法行为中复合主体的处罚并用以及处罚对象二元型处罚并用［3］。这其中最后一种情形属于个人违法和单位违法的并罚，而前两种情形中所言的"复合式处罚"，实际上是基于"复合违法"的判断而得出的结论，而"复合违法"实际上又是刑法"罪数"理论在行政法中的"翻版"，这就相当于在关注行政处罚主体的多元性与刑罚适用主体的一元性区别的基础上，进一步将公法中的"复合式"主体理论、行为理论进行了类型化分析与拓展。还有法官主张城市房屋拆迁许可行为属于复合行政行为，并将其定义为"一个具体行政行为包含着另一个或多个具体行政行为，且后一个具体行政行为是以前一个具体行政行为为前提"，进而将其定性为"行政行为程序前置"。我们暂且不论这种行为是否可以被称为"行政行为程序前置"［4］，但从其将城市房屋拆迁许可行为定性为"复合行政行为"的做法来看，就可以理解目前在实际的行政实践中还是存在"形式上两个以上行政行为而实质上为一个行政行为"的复杂行政行为模式，这种表现与前文所提到的行政处罚的并用又不属于同种类型的问题。而且，这种行为的复合性经常会在行政诉讼的司法审查过程中表现得更为多元。因此，对复合行政行为的进一步理论探讨和类型化分析就显得更有必要。

图 2-1　《论复合式行政行为的类型化及其法治改造》

另外，再以《行政授权与行政委托：衍生性权力的法律规制》①一文为例，如图 2-2 所示，针对"行政授权"的性质，笔者总结了李海平、莫于川和胡建淼等学者的

---

　　①　参见谭波：《行政授权与行政委托：衍生性权力的法律规制》，《当代法学》2022 年第 6 期，第 79—89 页。

观点,在此基础上,提出了自己的观点。

> ● 　　有学者认为,对行政授权而言,应有立法行为说和行政行为说两种观点,其中立法行为说认为授权只能是立法机关的活动,而行政行为说认为行政授权是行政主体的"行政权转让"行为而非设定行为,并倾向于行政权可以在授权情况下转让的观点,[李海平:《行政授权的若干争议问题探析》,《深圳大学学报(人文社会科学版)》2007年第2期,第72-73页。]也即"授权"不仅限于立法领域。正是这种逐渐放开的认识,导致行政主体领域的"被授权组织"呈现多样化的表现形式,法律、法规规定由特定的行政机关授予行政职权也成为了授权合法形态的一种。[莫于川:《行政法与行政诉讼法(第二版)》,中国人民大学出版社2015年版,第82页。]但也有些学者仍倾向于将"行政授权"限定于"立法授权之后的二次授权",属于"间接授权",也需要具备法定依据,且必须在授权之后才能成就相应的特定组织获得行使相应职权的资格。[胡建淼、江利红:《行政法学(第三版)》,中国人民大学出版社2015年版,第95页。]**我们也赞同这种意义上的"行政授权"界定,**其实质应该是"(法律)授权行政",关键是"**法律授权行政**"之下,还要将"**法律内的行政授权行政**"也纳入其中,从而构造"行政授权"的完整格局。

图2-2　对"行政授权性质"观点总结的列示

如图2-3所示,在探讨"行政委托"的性质与内涵时,笔者概括了王天华、王克稳、黄娟、孔繁华和叶必丰等学者的观点,按照时间先后顺序予以排列,从而使读者能够清晰地了解"行政委托"的理论发展。

> ●近年来有关行政委托的研究*逐渐升级*,如王天华认为,公权力原则上不能委托给非行政机关组织行使。[王天华:《行政委托与公权力行使——我国行政委托理论与实践的反思》,《行政法学研究》2008年第4期,第92页。]王克稳教授以政府业务委托外包为例,将其分为政府行政性业务、政府事业性业务和政府经营性业务,认为只有政府经营性业务委外在性质上属于行政委托,后两类分别适用由政府采购法和行政许可法及规范政府特许经营方面的特别法。[王克稳:《政府业务委托外包的行政法认识》,《中国法学》2011年第4期,第78页。]黄娟认为,我国行政处罚、行政许可和行政征收等相关法律规范对受托主体和委托内容都表述不同,权力事项的委托与非权力事项的委托分而治之。[黄娟:《我国行政委托规范体系之重塑》,《法商研究》2017年第5期,第64页。]孔繁华教授以行政处罚委托为例,认为委托机关只能将其拥有的部分处罚权委托行使,委托内容涉及立案权、调查权、取证权、程序事项进行权、决定权等全部权限,委托方式以行政协议为宜。[孔繁华:《授权抑或委托:行政处罚"委托"条款之重新解读》,《政治与法律》2018年第4期,第67页。]叶必丰教授认为,基于自愿的行政管辖权转移,系行政机关相互间协商一致的结果,在国外有授权和委托两类,在我国目前有委托一种。行政管辖权的委托包括层级委托和横向委托。层级委托,需要以央地事权分工为基础,有助于进一步扩大地方自主权,发扬行政民主。横向委托,有助于弥补组织法上的不足,加强协同合作。[叶必丰:《论行政机关间行政管辖权的委托》,《中外法学》2019年第1期,第94页。]——以"间接引用"为主,尽量用自己的话去表述专家的观点。

图2-3　对"行政委托"性质与内涵之观点的列示

通过上述示例可知,观点抽象、表态法的综述写法对于一篇法学论文而言必不可少。另外,在申请研究课题时此种综述写法也得以被广泛应用。以笔者曾经申请的课题为例,如图2-4、图2-5、图2-6、图2-7所示,在对国内外的研究现状梳理过程中就大量使用了此种方法。

（一）国外相关研究的学术史梳理及研究动态

国外对于立法机构有专有的指代名词，即 Legislature，意为立法机关、立法部，也可指州议会，由于不论国家议会或州议会抑或地方议会通常都具有常设性，因此立法能力因这种国情的差异显得关注度相对较低，不过还是一些学者对相应的立法能力问题有所关注，如美国学者 Brian Frederick（2009）认为应该适当调配立法机构的人数，从代表的代表性角度分析了立法能力对立法人数的需求。因此，此种问题的研究主要基于国情的差异，该问题具有很大的中国性。关于立法能力的评估，由于国外更多的都是常设性的立法机构设置，相应的立法能力都较为明显与强化，因此，更多的学者关注的都是立法评估，且延续时间较长，"Evaluating Legislation"（JD Hodson，1983）"Evaluation of Legislation"（U Karpen,2002）或 Evaluation after legislation（YQ Wang，2008），这种研究实际上更多的是对立法质量的关注，而不是对立法能力本身的评估。问题的差异性也比较明显。

图2-4 对国外"立法能力"领域学术研究史的简单梳理

（二）国内相关研究的学术史梳理及研究动态

该问题的出现始自2015年立法法的修改过程，此前有关立法能力的研究主要是针对国家议会和中央政府的立法能力的研究，如王保民、叶林（2010）。关于地方立法主体立法能力的研究基本处于空白状态。立法法第72条明确了"立法能力"的概念。将其与设区的市的人口数量、地域面积、经济社会发展情况以及立法需求相并列，成为省级人大常委会授予立法权所考虑的因素，有学者（武增，2015）分析了其中的"主客观相统一"的要素组合。有学者（马英娟，2015）还专门探讨了"有序放开"与立法质量间的关系。这在有些学者看来，是地方立法权利能力和行为能力的培育问题，如莫纪宏（2016）。

随着立法法修改的完成，省级人大常委会的把关机制被快速放开。因此，目前的研究转为对授权后立法能力的培育与强化问题。从立法能力的具体要素而言，马怀德（2015）主张加强常委会立法能力建设包括立法辅助人员、立法辅助机构、常委会工作机构的能力建设，于安（2015）主要关注人大及其常委会组成人员的议事能力问题，郑磊（2016）认为立法能力的持续提高也主要在于组织筹备和人才配备。同时，各级国家权力机关对设区的市立法能力的研究如火如荼，李适时（2016）所用概念为"立法工作队伍的素质与能力"，除了思想境界、贡献精神、认真态度等软性指标外，在业务能力水平指标上主要包括明确思路、抓准问题、善于提出方案、紧跟时代潮流等。

目前，关于该问题对策的研究较为系统，观点比较集中。伊士国（2017）认为问题在于立法机构不健全、专门立法人才匮乏和立法经验不足。郑泰安（2017）认为应构建立体型研学模式、建立网状型交流机制、成立实用型管用机构、充实复合型人才队伍。李林（2017）认为应实行人大常设机构全年会期制、推动人大常委"三化"（专职化、专业化、年轻化）、推行立法助理制度、加强教学科研单位的

图2-5 对国内"立法能力"领域学术研究史的简单梳理

1.选题依据

（一）国外相关研究的学术史梳理及研究动态

一些单一制国家在央地立法权配置上属于"行政分工型"，不少联邦制国家对央地立法权配置由宪法或相关法律规定，属于"法定分权型"。很多学者基于此研究宪法未列举的"剩余权力"归联邦还是归州行使的问题，如 JF Zimmerman（1989）研究了联邦对州和地方的立法"优占"或"先占"（preemption），这一理论还影响了单一制国家，日本的成田赖明（1990）在此基础上进一步提出"明确性理论"，将优占范围限定于法律明显不认可根据条例加以规制的情形，大塚直（1998）将其总结为"从法律的整体意图当中可以解释出法律的先占领域时，皆不可制定条例"。与之相对，日本的原田尚彦（2003）提出了"最低国法"理论，认为对于"固有的自治事务领域"而言，首要的责任与权限是由地方自治体所保留，若国家的法律规定了规制措施，则应理解为仅作出了最低程度的全国一律使用的规定，当自治体认为这一规定并不充分时，便可制定"横出し条例"以规制其他对象，或制定比法律更为严格的"上乗せ条例"，前提是不违反基本人权之保障及比例原则，且目的与手段应具备合理性。Nancy Seewald（2006）研究了美国新泽西州反对中央立法"优占"的案例及理论问题。D. E. Apollonio 和 Raymond J. Laraja（2006）共同分析了州层面的立法权分配问题。Thomas Fleiner（2010）分析了联邦制下立法权配置主要考量因素：多元文化与差异性、协作、同一生活水准的目标以及联邦对州的支付力（spending power）要素。Melinda Harm Benson（2010）探讨了州如何在环境保护方面遵守联邦立法的倡议，Antonio Arroyo Gil（2013）探讨了德国联邦共和国体制下的联邦独有（exclusive）立法权以及联邦与州的共有（concurrent）立法权问题。J.O. Arowosegbe（2014）分析联邦体制下立法权划分的技术。W.Freedman（2014）通过具体具体案例批判分析了中央、省和地方之间对保持和保护环境的立法权配置问题。M.Troisi（2015）通过实证样板分析了国家和地方之间就环境、风景、农业和食品方面的立法权分配。在立法权行使限度的问题上，欧美思想家的争论更是由来已久，从洛克、孟德斯鸠、萨维尼、戴雪、维尔再到奥克肖特都认为立法权行使应受到限制，哈耶克和莱奥尼更认为立法权行使存在着内在限度即立法自身的限度;而布丹、霍布斯、边沁、奥斯丁、凯尔森则从主权学说出发，从逻辑上推出立法权行使不应当受到限制。在司法实务中，有些联邦制国家从实际判例中总结中央和联邦成员单位的立法权各应受到怎样的限制并不断沿袭和深化，如美国1935年的"牛奶价格案"（Baldwin v. G.A.F. Seelig, Inc.）和1978年的"废品倾倒案"（Philadelphia v. New Jersy）。从研究内容看，国外的相关研究已经相对细致，且基于规范分析和案例分析，具有较深的理论性，某些"地方"立法权行使的限度和强度问题与当下中国的国家治理存在理论研究上的共通性。

图2-6　对国外"央地立法权配置"研究学术史的简单梳理

如果对比如图 2-4、图 2-6 所示的两份不同的国外相关领域研究学术史的梳理,会发现后一种写法在写作方式和质量上都显得更为全面,而前一种的泛泛而谈在课题申报过程中给人的印象势必是"点到为止""浅尝辄止",这与国家级项目的申报要求相去甚远。再将如图 2-7 所示的国内相关领域的学术史梳理与如图 2-3

所示的国内学术史梳理进行对比,同样可以有类似结论,即对文献或学术成果的严格"排序式"梳理,使人看到这种研究在某一维度上的演进过程,而对该领域问题的"分门别类",又使得相应的学术史梳理显得更有条理,而不是像如图2-5所示的学术史梳理那样,缺少"纲目",这就是我们通常在习文中所言及的"纲举目张"。职是之故,每一部分提前列举标题就显得非常必要了。

(二)国内相关研究的学术史梳理及研究动态

(1)关于央地立法权配置的体制研究,早在2000年立法法前已有学者涉猎,深圳法制局的彦法(1994)指出中国十年来立法体制变化的重要轨迹之一便是奉行强化和鼓励地方立法的立法权分配政策,地方立法与中央立法非对立的两个方面;就立法权配置,张千帆(2004)和封丽霞(2008)对比了"重要程度"和"影响范围"标准,李林(2010)认为我国的央地立法体制属于立法集权的分权体制,刘志刚(2016)分析了我国央地立法权划分和我国集权-分权立法体制的关联性,李店标和冯向辉(2019)认为立法权配置涵盖行使主体、权限、权能、程序、授权和监督等内容,需要有针对性地关注确权、分权、授权和控权四个具体优化面向,做到科学确权、合理分权、规范授权和有效控权。

(2)而对于立法权的行使限度,则事关中央对地方立法权行使的控制机制以及对地方立法权的定性问题。黄子毅(1998)提出应保持中央对地方有效的立法监督原则,薛佐文(2008)在关注西方"有限权力"理论的基础上提出立法权限划分的制度就是对立法权的行使规定一定的范围和界限,超越其权限和范围,就应当是无效的,而李兵(2005)认为地方立本质属性在于地方的自治性,孙波(2008)在央地关系法治化的视角下研判了立法法中的"地方性事务"概念,其后有诸多学者对财政、税收、房地产调控、军事领域的央地立法权配置进行研究。王锴(2011)认为国家立法权来自主权,地方立法权源于地方自治权。在地方立法权的行使限度上,黄锴(2017)认为地方立法不重复上位法是地方立法的一项重要原则,其体现了一致性与地方性的平衡,与不抵触上位法共同构成了地方立法的界限,可基于规范结构的完整性、法条之间的关联性等因素承认一定范围内"必要重复"的情形。卢锦峰(2019)认为"一般不作重复性规定"的实现在于可以保留必要重复和排除不必要重复之间,将地方立法重构为从构成性法律规范到规范性法律规范的过程,地方立法重复以是否制定新的法律规则为限度。

(3)有学者在此基础上对地方立法的种类及其对立法原则进行探讨,如徐向华(1997)将地方立法分为实施性立法、自主性立法和先行性立法,而实施性立法是地方贯彻国家意志的重要途径(莫纪宏,2013),而自主性立法(含先行性立法)是为创制地方法规的需要(刘小妹,2016)。在立法权配置的具体原则上,莫于川(2017)认为地方立法应认真践行地方主动性的宪法原则,在行使一般地方立法权的过程中,特别领要践行主动性、民主性、高效性、协调性和合法性五个方面的基本要求。

(4)从2015年《立法法》对地方立法权主体重置的后续调整效应来看,有学者认为调整之弊较明显,秦前红(2015)认为立法权限的限缩致使地方立法需求受到抑制,在全面赋予设区的市地方立法权的过程中未能较好地实现收权与放权之间的平衡,可根据实际情况再进行相应调整,伊士国(2017)认为赋予所有设区的市立法权,也使得设区

图2-7 对国内"央地立法权配置"研究学术史的简单梳理

（二）权威文献引证综述法

基于政治与法律二者紧密的内在联系，我们在法学论文写作中必然会需要政治性较强的文献，比如国家颁布的政策性文件、党和国家领导人讲话等。对于这些具有权威性的文献应当如何综述就是"权威文献引证综述法"所致力于解决的问题。我们仍以《习近平法治思想的"治论"理念解读》①一文为例，如图 2-8 所示，笔者以习近平法治思想中的"治论"为问题线索，引述了习近平总书记关于此一问题的主要论述，从而引出本文所要阐述的基本问题。由此可知，"权威文献引证综述法"的基本要求是以问题为中心，突出问题意识，依据问题寻找和排列相关文献，使文章的研究主题得以聚焦，同时，要注意防止所引文献文不对题或者过于庞杂，以至于这种"不对题"或"庞杂"又使读者无法快速、清晰地了解文章所要研究的主题。当然在引述的过程中，我们务必确保所引文献（尤其是领导人的讲话）的精准性和权威性，避免出现遗漏或错误。

习近平法治思想自 2020 年 11 月由中共中央在全面依法治国工作会议上提出后，其核心要义得到确认。随着同年党的十九届五中全会确立的全面建设社会主义现代化国家的改革进路及其实践的深入，习近平法治思想的科学方法（论）等各方面内容也得到充实，①与其科学意义、核心要义等共同形成较为统一的理论体系。②从习近平法治思想核心要义的"十一个坚持"来看，一条主线贯彻始终，即以"治"为代表的新时代治理理论、法治方略及中国特色社会主义现代化（国家）之治的整套"治论"理念体系。③习近平总书记强调，"法治是国家治理体系和治理能力的重要依托"，"全面推进依法治国，是确保党和国家长治久安的根本要求"④。从"四个全面"的"全面深化改革""全面推进依法治国""全面从严治党"等方面来看，分别是通过改革之治实现对整个国家的依法治理及中国共产党自身的依规从严治理。

---
① 《习近平法治思想概论》编写组：《习近平法治思想概论》，北京：高等教育出版社，2021 年，第 17 页。
② 中共中央宣传部、中央全面依法治国委员会办公室：《习近平法治思想学习纲要》，北京：人民出版社、学习出版社，2021 年，第 1—12 页。
③ 谭波：《习近平法治思想逻辑体系研究》，《学习论坛》2021 年第 1 期，第 127—128 页。
④ 中共中央文献研究室：《习近平关于全面依法治国论述摘编》，北京：中央文献出版社，2015 年，第 6 页。

– 21 –

从"全面建成小康社会"到党的十九届五中全会确立的"全面建设社会主义现代化国家"的新目标来分析，同样是为实现从单纯的经济之"治"到"五位一体"的全方位之"治"的目标，这与中国古代所言"天下大治"之"治"的目标异曲同工，也是习近平法治思想集中"治"的论点基础。从外延来看，习近平法治思想中的"治论"理念主要涵盖"法治论""治理论""社会主义现代化国家论"等三部分。

图 2-8　有关习近平法治思想中"治论"理念的文献引用列示

---
① 参见谭波：《习近平法治思想的"治论"理念解读》，《求是学刊》2023 年第 3 期，第 21—33 页。

我们再以《习近平法治思想中的建设中国特色社会主义法治体系——以〈法治中国建设规划(2020—2025年)〉为切入》①一文为例,如图2-9所示,此处紧扣"中国特色社会主义司法制度建设"这一问题,引用了习近平总书记关于这一问题的重要论述,也是一种运用权威文献引证综述法的典型。

(三)强化对中国特色社会主义司法制度的建设

在强调司法公正问题意识的基础上,习近平总书记强调应将符合国情和遵循司法规律相结合,提出"法律不应该是冷冰冰的,司法工作也是做群众工作"⑤。同时,他强调党对司法工作的绝对领导,并且驳斥了"党大还是法大"的伪命题,"就必须服从和遵守宪法法律,就不能以党自居,就不能把党的领导作为个人以言代法、以权压法、徇私枉法的挡箭牌"⑥;并指出了"权大还是法大"的真命题,"权力不论大小,只要不受监督和制约,都可能被滥用"⑦。另外,在强调全面落实司法责任制方面,"完善主审法官、合议庭办案责任制,让审理者裁判、由裁判者负责",在此基础上,2014年党的十八届四中全会《决定》又补充了"主任检察官、主办侦查员办案责任制",坚决落实"谁办案谁负责"。2021年《规划》除了坚持上述原则外,又提出依法赋权独任庭、合议庭,健全重大、疑难、复杂案件由院庭长直接审理机制。在"谁办案谁负责"的基础上增加"谁决定谁负责",落实检察官办案主体地位,健全担任领导职务的检察

① 习近平:《论坚持全面依法治国》,第17页。
② 习近平:《让群众在执法中都感受到社会公平正义》,http://m.cnr.cn/news/20160521/t20160521_522199311.html,最后访问于2021年1月24日。
③ 习近平:《加强党对全面依法治国的领导》,《前线》2019年第3期,第8页。
④ 王洪东:《习近平总书记论公平正义》,http://www.qstheory.cn/laigao/2017-04/06/c_1120761428.htm,最后访问于2021年1月24日。
⑤ 中共中央宣传部:《习近平总书记系列重要讲话读本》,北京:学习出版社、人民出版社,2014年,第83页。
⑥ 中共中央宣传部:《习近平新时代中国特色社会主义思想学习纲要》,北京:学习出版社、人民出版社,2019年,第106页。
⑦ 中共中央宣传部:《习近平新时代中国特色社会主义思想三十讲》,北京:学习出版社,2018年,第188页。

图2-9 有关"中国特色社会主义司法制度建设"的相关文献引用列示

(三)类型化的综述方法

类型化是法学研究中一种常用的研究方法,依我国台湾学者黄茂荣教授所言,由于类型化兼具抽象化以及具体化的作用,可分别适用在具体的事物和抽象的价值,因此可说是法律资料体系化以及法律体系之应用最为常见且有效的方法。②因此,在文献综述中,类型化的方法被广泛应用。

我们以《论〈监察法〉中的"有关人员"——基于党和国家监督体系的统合需求》③一文为例,如图2-10所示。在对"有关人员"的内涵进行分析时,笔者就对

① 参见谭波:《习近平法治思想中的建设中国特色社会主义法治体系——以〈法治中国建设规划(2020—2025年)〉为切入》,《求是学刊》2021年第4期,第25—33页。
② 参见黄茂荣:《法学方法与现代民法》,中国政法大学出版社2001年版,第473页。
③ 参见谭波:《论〈监察法〉中的"有关人员"——基于党和国家监督体系的统合需求》,《行政法学研究》2023年第5期,第122—135页。

不同学者之间对此一问题的观点进行了类型化处理。

知。2018 年《监察法》颁布实施之时，中央纪委国家监委法规室出版的释义读本也并没有对"有关人员"的概念进行解读。②有些学者认为对"有关人员"的界定还应联系《监察法》的其他相

---

* 基金项目：2022 年度研究阐释党的十九届六中全会精神国家社科基金重大项目"完善以宪法为核心的中国特色社会主义法律体系研究"（项目编号：22ZDA073）的阶段性研究成果。

① 参见蔡金荣：《"国家监察全面覆盖"的规范结构探析》，载《求实》2019 年第 1 期，第 36-37 页。

② 参见中共中央纪律检查委员会法规室、中华人民共和国国家监察委员会法规室 编写：《〈中华人民共和国监察法〉释义》，中国方正出版社 2018 年版，第 106-114 页。

122

谭波：论《监察法》中的"有关人员"

关法条（如第 63 条中的"有关人员"和第 58 条中的"其他有关人员"），"有关人员"既应包括公职人员，也包括公职人员之外的其他"有关人员"。①还有学者更进一步认为《监察法》其他法条中的"有关单位和个人"也都是该法主体效力的适用对象，②并且，不宜对《监察法》第 15 条"有关人员"的范围作出精准罗列，只能根据具体问题具体分析。

但多数学者认为，"有关人员"不属于"公职人员"，也不是"涉案人员"。③这其中有人主张"有关人员"大致应包括"基层群众性自治组织中从事管理的人员"和"工勤人员"。④2021 年《实施条例》第 42 条对"基层群众性自治组织中从事管理的人员"做了解读。但从"解释"体例和具体表述上来看，其与《实施条例》第 38 条、第 39 条、第 40 条和第 41 条并无太大区别，也无法从中直接得出上述两类人员不属于"公职人员"而属于"有关人员"的结论，这些条文间的逻辑关系和自治性确实有待强化。还有学者对"有关人员"给予了明确界定，即"按照国家法律或国家机关委托在公共组织、集体事务组织中从事管理公共事务、集体事务的人员或具有执法权力的国家机关、事业单位聘任从事公务的人员"⑤，其判断也是基于"公职"身份并结合其履职状况的"半形式化半实质化"标准。

图 2-10　对《监察法》中"有关人员"观点的类型化处理

（四）中外混合文献写法

对于国内外共同研究的普遍性问题，在文献综述部分会涉及对中外文献同时进行综述，此时应当首先注意的是保证对所引文献的翻译的准确性，其次对于关键语词应当标注英文原文，最后在撰述中外混合文献时应当合理、适当。

以《权责统一：责任型法治政府建设的基本思路》①一文为例，如图 2-11 所示，笔者论述权责统一原则的理论缘起时就运用到这一综述方法。

---

① 参见谭波：《权责统一：责任型法治政府建设的基本思路》，《西北大学学报（哲学社会科学版）》2020 年第 4 期，第 168—178 页。

> (二)权责统一的理论缘起与制度表达
>
> 1.权责统一原则在西方的理论缘起 权责统一在西方法理语境中也早有论述。丹尼斯·朗（Dennis Hume Wrong）在其《权力论》中指出，权力有三种指代，既可以指"行动权（power to）"和"控制权（power over）"，也可以指作为个人属性或品质的奋斗基本目标。在一切大规模的复杂的"文明"社会里，权力在群体之间分配不均，这些社会的文化就会反映和体现这种不平等，而且这种"霸权"也一定会转译在他们的一切活动和表现形式中[7]（P前言3）。这种不平等其实最终也可能导致责任的不对等。按照美国学者哈特（Hart. H. C. A.）的看法，责任可以被分为地位责任、原因责任、义务责任和能力责任，其中地位责任就是指某人在某一社会组织中具有一种特殊的地位或职务，而该地位或职务被赋予某些特殊的职责[8]（P201-219）。凯尔森（Hans. Kelsen）强调集体责任和个人责任的区分，"当制裁所针对着的人与作为一个法律共同体机关而为不法行为的那个人属于这同一个共同体的人时，当不法行为人和要对不法行为负责的那个人之间的关系是由不法行为人和那些要对不法行为负责的人属于同一法律共同体的事实所构成时"，就需要强调集体责任，并且集体责任始终是绝对责任（absolute responsibility）[9]（P78-79）。可以看出，在西方语境中，除了强调集体责任与个人责任划分这种中观层面的权责统一之外，注重对责任的分类研究，这也成为权责统一的滥觞。

图2-11 有关"权责统一"的中外文献混合综述在文章中的具体表现

（五）案例与法条结合法

法律的功能，有时既表现为以普遍性规范的形式指引各种主体的行为，还表现为以裁判标准的形式解决个案纠纷，从而对后续实践与理论难题的解决提供指导。因此相应法律规范中的重点条文与案例常常成为法学论文写作中的主要文献来源。有时二者的结合本身就是一种文献综述。案例与法条结合法，有时就专门针对既有法条引用又需要案例研究的论文写作场合。在这种场合中，如何撰写文献综述，需要有自成一体的方法。

我们以"济南明生物流有限公司诉济南市交通运输监察支队案"的判决为例。在该案中，法院认为县级以上地方人民政府交通主管部门有权设立道路运输管理机构，负责具体实施道路运输管理工作，县级以上道路运输管理机构对超越许可事项从事道路货物运输经营的行为，有权以自己的名义作出处罚决定。本案中，被上诉人济南市交通运输监察支队根据编制部门批复的机构三定方案，负责"辅助全市交通稽查的有关管理工作；执行国道、省道干线公路稽查任务"，属于县级以上地方人民政府交通主管部门设立的负责具体实施道路运输管理工作的道路运输管理机构，有权以自己的名义作出处罚决定。

该案裁判涉及的主要法律条文如表2-1所示。

表2-1 "济南明生物流有限公司诉济南市交通运输监察支队案"裁判关涉的法条列示

法条名称	相关法条前后变迁
《中华人民共和国道路运输条例》	《中华人民共和国道路运输条例》(2016)第七条第二款和第三款分别规定:"县级以上地方人民政府交通主管部门负责组织领导本行政区域的道路运输管理工作。""县级以上道路运输管理机构负责具体实施道路运输管理工作。" 《中华人民共和国道路运输条例》(2019)第七条第二款和第三款分别规定:"县级以上地方人民政府交通主管部门负责组织领导本行政区域的道路运输管理工作。""县级以上道路运输管理机构负责具体实施道路运输管理工作。" 《中华人民共和国道路运输条例》(2022)第七条第二款规定:"县级以上地方人民政府交通运输主管部门负责本行政区域的道路运输管理工作。"
《道路货物运输及站场管理规定》	《道路货物运输及站场管理规定》(2016)第五十六条规定:"违反本规定,有下列行为之一的,由县级以上道路运输管理机构责令停止经营;有违法所得的,没收违法所得,处违法所得2倍以上10倍以下的罚款;没有违法所得或者违法所得不足2万元的,处3万元以上10万元以下的罚款;构成犯罪的,依法追究刑事责任:(一)未取得道路货物运输经营许可,擅自从事道路货物运输经营的;(二)使用失效、伪造、变造、被注销等无效的道路运输经营许可证件从事道路货物运输经营的;(三)超越许可的事项,从事道路货物运输经营的。" 《道路货物运输及站场管理规定》(2019)第五十七条规定:"违反本规定,有下列行为之一的,由县级以上道路运输管理机构责令停止经营;有违法所得的,没收违法所得,处违法所得2倍以上10倍以下的罚款;没有违法所得或者违法所得不足2万元的,处3万元以上10万元以下的罚款;构成犯罪的,依法追究刑事责任:(一)未按规定取得道路货物运输经营许可,擅自从事道路货物运输经营的;(二)使用失效、伪造、变造、被注销等无效的道路运输经营许可证件从事道路货物运输经营的;(三)超越许可的事项,从事道路货物运输经营的。" 《道路货物运输及站场管理规定》(2022)第六十一条规定:"违反本规定,有下列行为之一的,由交通运输主管部门责令停止经营;有违法所得的,没收违法所得,处违法所得2倍以上10倍以下的罚款;没有违法所得或者违法所得不足2万元的,处3万元以上10万元以下的罚款;构成犯罪的,依法追究刑事责任:(一)未按规定取得道路货物运输经营许可,擅自从事道路货物运输经营的;(二)使用失效、伪造、变造、被注销等无效的道路运输经营许可证件从事道路货物运输经营的;(三)超越许可的事项,从事道路货物运输经营的。"

续表 2-1

法条名称	相关法条前后变迁
《道路货物运输及站场管理规定》	《道路货物运输及站场管理规定》(2019)第五条第二款和第三款分别规定:"县级以上地方人民政府交通运输主管部门负责组织领导本行政区域的道路货物运输和货运站管理工作。""县级以上道路运输管理机构具体实施本行政区域的道路货物运输和货运站管理工作。" 《道路货物运输及站场管理规定》(2022)第五条第二款规定:"县级以上地方人民政府交通运输主管部门(以下简称交通运输主管部门)负责本行政区域的道路货物运输和货运站管理工作。"
《山东省道路运输条例》	《山东省道路运输条例》(2018)第六条第一款:"县级以上人民政府交通运输行政主管部门负责组织领导本行政区域内的道路运输管理工作;其所属的道路运输管理机构、交通运输监察机构按照规定的职责具体实施道路运输管理工作。" 《山东省道路运输条例》(2020)第六条第一款:"县级以上人民政府交通运输行政主管部门负责本行政区域内的道路运输管理工作。" 《山东省道路运输条例》(2022)第六条第一款:"县级以上人民政府交通运输主管部门负责本行政区域内的道路运输管理工作。"

在该案的判决书中,法官的论述如下:"基于三项理由,被上诉人根据《中华人民共和国道路运输条例》《道路货物运输及站场管理规定》的授权,能够以自己名义作出被诉处罚决定。第一,从职能定位上看。根据《山东省道路运输条例》第六条的规定,山东范围内的'交通运输监察机构'也负责具体实施道路运输管理工作,与《中华人民共和国道路运输条例》《道路货物运输及站场管理规定》中规定的'道路运输管理机构'的职责一致。第二,从职权差别上看。《山东省道路运输条例》中的'交通运输监察机构',除不行使道路运输的行政许可职权之外,在其他监督管理和违法行为处理职权上,与'道路运输交通管理机构'并无差别。第三,从制定背景上看,鉴于道路运输管理的复杂性,山东省为了优化道路运输管理体制机制,专门成立了交通运输监察机构,负责路面执法监察工作。《山东省道路运输条例》第六条的规定,目的是从立法上确立这种机制创新,明确交通运输监察机构与传统的道路运输管理机构一样,具有具体实施道路运输管理工作的职责,也属于《中华人民共和国道路运输条例》规定的'道路运输管理机构'。"当然,这种所谓的"文献综述",与我们通常所言及的"文献综述"不太相同,但我们对这类判决中表达的观点,应予以充分的重视,并将其作为与其他学者著述中的观点"等量齐观",甚至可以将其视为实务界观点的代表,当然,随着国家行政体制改革的进行,上述观点也在发生变化,尤其是伴随着不同年份《山东省道路运输条例》的出台,也可能导致当年法院判决的观点在某一时点之后出现"大相径庭"的状况,毕竟,法条

的修改才是导致法院作出相应判决发生变化的直接原因,因此,相比学术界的观点或文献综述,实务界的这种案例类文献及其观点表达乃至立法者在法条中的立场确立,都可能会导致相应的观点发生变化,这也是法条与案例类的文献综述所具有的个性化特点,这与学界某一学者发生观点变化的过程不可同日而语。而立法领域的变化,还不仅仅存在于某一层级的立法,如果发生连锁反应,则可能导致的问题就不单单是立法表述的变化,还有可能导致在法律体系的统一性上的矛盾。前述山东省地方立法在国务院行政法规未修改的前提下率先修改,是否契合"不抵触"的立法理念,这种立法模式或理念是否值得提倡,则又是我们在进行该类文献综述时发现的另一重大问题。

另外,对于数据收集类文献综述,也可以通过表格的形式将其予以汇总和概括。如以《全面提高审判质效的制度供给与现实要求——基于全面落实司法责任制的考量》①一文为例,如图 2-12 所示,笔者在对 C 市中院相关案件进行概括时就用到此法。

表5　2017年C市中院民事专业化审判庭案件量与民事传统业务庭案件量统计表

	民一庭(普通民事)	民二庭(金融、借贷纠纷)	民三庭(知识产权及涉外案件)	民四庭(房地产、建工)	民五庭(公司、破产类案件)	民六庭(劳动争议案件)	少年家事审判庭(未成年及家事纠纷)
旧存	522	702	372	669	345	411	3
新收	1600	2812	2291	3765	2301	3389	714
审结	1650	2327	1653	3190	1500	2771	600
未结	472	1187	1010	1244	1146	1029	117

图 2-12　数据收集类文献综述与表格汇总与概括形式的契合

另如《我国地方政府疫情防控行为的合法性风险反思——以地方"授权决定"为切入点》②一文为例,如图 2-13、图 2-14 所示,笔者在对这些数据进行归纳时都运用到了此种方法。

---

①　参见谭波:《全面提高审判质效的制度供给与现实要求——基于全面落实司法责任制的考量》,《求是学刊》2020 年第 1 期,第 113—123 页。

②　参见谭波:《我国地方政府疫情防控行为的合法性风险反思——以地方"授权决定"为切入点》,《北京行政学院学报》2020 年第 3 期,第 18—27 页。

表1　2020年新冠肺炎疫情期间部分省级人大常委会《决定》授权的政府行为

时间	地方	授权同级或下一级政府的具体领域	授权措施(含行政征用)	被授权机关及报备机关
2.7	上海	医疗卫生、防疫管理、隔离观察、道口管理、交通运输、社区管理、市场管理、场所管理、生产经营、劳动保障、市容环境等(11)	就临时性应急管理措施发布政府规章或者发布决定、命令、通告等	市人民政府;报市人大常委会备案
			行政征用、发出凭证、归还与补偿	市、区人民政府及有关部门可行政征用
2.7	北京	未列举	限制或者停止人群聚集活动、关闭或限制使用场所、实施交通卫生检疫等措施	市、区人民政府及其有关部门
			行政征用或调用	同上
2.7	浙江	医疗卫生、防疫管理、隔离观察、道口管理、交通运输、社区管理、市场管理、场所管理、生产经营、劳动保障、市容环境、野生动物管理等(12)	临时性应急行政管理措施	县级以上人民政府;报同级人大常委会和上一级人民政府备案
2.8	江苏	疫情排查、隔离观察、社区管理、市场管理、劳动保障、市容环境等(6)	集中收治隔离等临时性应急行政管理措施	县级以上人民政府
2.9	河北	医疗救治、防疫管理、隔离观察、道口管理、交通运输、社区管理、市场管理、场所管理、生产经营、劳动保障、市容环境、野生动物管理、环境风险管理等(13)	根据需要制定和采取临时性应急行政管理措施	县级以上人民政府
2.9	吉林	医疗卫生、防疫管理、隔离观察、交通运输、社区管理、市场管理、场所管理、生产经营、劳动保障、市容环境、野生动物管理等(11)	就临时性应急行政管理措施发布决定、命令,调整相关规范性文件	县级以上人民政府;依法报请备案
			行政征用或调用	县级以上人民政府

图2-13　对特殊时期省级人大常委会出台的相应决定的内容进行的数据式综述之一

表1　2020年新冠肺炎疫情期间部分省级人大常委会《决定》授权的政府行为

时间	地方	授权同级或下一级政府的具体领域	授权措施(含行政征用)	被授权机关及报备机关
2.7	上海	医疗卫生、防疫管理、隔离观察、道口管理、交通运输、社区管理、市场管理、场所管理、生产经营、劳动保障、市容环境等(11)	就临时性应急管理措施发布政府规章或者发布决定、命令、通告等	市人民政府;报市人大常委会备案
			行政征用、发出凭证、归还与补偿	市、区人民政府及有关部门可行政征用
2.7	北京	未列举	限制或者停止人群聚集活动、关闭或限制使用场所、实施交通卫生检疫等措施	市、区人民政府及其有关部门
			行政征用或调用	同上
2.7	浙江	医疗卫生、防疫管理、隔离观察、道口管理、交通运输、社区管理、市场管理、场所管理、生产经营、劳动保障、市容环境、野生动物管理等(12)	临时性应急行政管理措施	县级以上人民政府;报同级人大常委会和上一级人民政府备案
2.8	江苏	疫情排查、隔离观察、社区管理、市场管理、劳动保障、市容环境等(6)	集中收治隔离等临时性应急行政管理措施	县级以上人民政府
2.9	河北	医疗救治、防疫管理、隔离观察、道口管理、交通运输、社区管理、市场管理、场所管理、生产经营、劳动保障、市容环境、野生动物管理、环境风险管理等(13)	根据需要制定和采取临时性应急行政管理措施	县级以上人民政府
2.9	吉林	医疗卫生、防疫管理、隔离观察、交通运输、社区管理、市场管理、场所管理、生产经营、劳动保障、市容环境、野生动物管理等(11)	就临时性应急行政管理措施发布决定、命令,调整相关规范性文件	县级以上人民政府;依法报请备案
			行政征用或调用	县级以上人民政府

图2-14　对特殊时期省级人大常委会出台的相应决定的内容进行的数据式综述之二

以上文献综述的写法,是作者在开展科研工作中经常使用的方法,但并不能包括全部。文无定法,基于论文的性质、研究的问题以及个人写作习惯的不同,文献综述的写法亦多有不同,但大体上主要包括以上所列举的几种写法,读者可根据自己的研究而在实际具体写作过程中灵活应用。

第三章

论证架构

在确定选题、完成文献综述之后，我们对于这一选题中的基本问题已经有基本了解，同时我们对于如何解决这一问题也基本有了思路，接下来的问题就是如何设计自己的论证架构，这也是本章的核心内容。

一、何为论证架构

无论从构词法上还是在逻辑上，论证架构都与论证密切相关，不同的论证方式直接决定了不同的论证架构。在形式逻辑上，论证是由"论题和论据两个部分通过论证方式而组成的"，是指"用一些真实性已经被断定的判断，通过推理来确定另一个判断真实性的思维过程"①。因此，所谓论证架构就是指设计、安排或验证这一思维过程的基本结构。具体到论文写作中，论证架构是指围绕确定的选题展开论证的结构，一般表现为一篇论文各个标题之间的逻辑排列，即我们常说的谋篇布局。

众所周知，法学是一门以法律现象为研究对象的社会科学，这一学科属性决定其研究成果的评价标准不可能与自然科学相同。具体而言，自然科学以发现自然现象的内在规律为研究目的，因此其评价标准具备更明显的客观性；相较而言，社会科学尤其是以实现正义为最高目标的法学则是以"共识"或"可接受性"为评价

---

① 华东师范大学哲学系逻辑学教研室编：《形式逻辑》(第五版)，华东师范大学出版社2016年版，第173—174页。

标准，①而欲要达到此目的，就必须要对自己的观点或主张进行充分论证。正如学者所言，学术其实就是通过不同的论证方式来表达和发展自身的。②"法律人的技艺，就是论证。"③因此，作为表征论证形式的论证架构理应在法学论文写作中得到高度重视。

从目前学界所发表的论文来看，常见的论证架构基本可以概括为三类，分别为：递进式、并列式和综合式。在论证效果上，三种论证架构优长鲜明，如递进式的论证架构可以针对一个问题展开由浅及深、由表及里、层层递进的分析；并列式的论证架构则有利于对一个问题的多个方面进行全面、直观的分析。笔者认为，对于初入写作之门的学生而言，因其知识储备和写作能力都不够成熟，所以围绕一个核心问题运用递进式的论证架构更为适合。通过大量类似的写作训练，初学者可以快速地提升自己的写作能力，不断积累写作信心，从而为其他论证架构的运用铺垫基础。

二、具体示例

在展开具体论述之前，对于影响论文论证架构的因素需要提前予以说明。一般而言，影响一篇文章论证架构的因素主要有选题的性质和研究方法的选择。选题的性质要求我们回答：到底写的是什么性质的论文？研究方法的选择则要求我们回答：文章以案列分析为主，还是规范分析为主？抑或兼有？不同的回答会影响论文架构的具体设置。下文将以多个具体示例对此进行说明。

（一）示例一

我们先以《海事行政"责令类"行为定性的规范审视》④一文为例加以分析，该文摘要和论证架构如图3-1、图3-2所示。

---

① 正义不仅是法学关注的重要价值，也是政治哲学的基本议题之一，这一点从古代先贤苏格拉底和柏拉图开始就表现明显，柏拉图对不同正义观的列举和批判，也反映了社会科学研究一开始便是见仁见智的学问。参见陈伟：《西方政治思想史（上册）》，中国社会科学出版社2020年版，第37—38页。

② 参见魏建国：《法学研究如何学术——学术史方法的重申》，《北方法学》2014年第2期，第127页。

③ ［德］英格博格·普珀：《法学思维小学堂——法律人的6堂思维训练课》，蔡圣伟译，北京大学出版社2011年版，原著前言第1页。

④ 参见谭波：《海事行政"责令类"行为定性的规范审视》，《中国海商法研究》2022年第1期，第93—101页。

● **摘要**:海事行政"责令类"行为定性依据涉及法律、法规、规章的各级规范的统合。通过《中华人民共和国行政处罚法》的精神框定,可发现海事领域的下位法规范中的"责令类"行为在规整时仍存在大量表述类似而属性不同的现象。立法上的定性不准,导致了司法实践中对"责令类"行为的认定失序。大陆法系国家有关命令性行为的理论对"责令类"行为在中国的理论归类有助益功能。英美法系的令状制度实际上反衬出中国在"责令类"行政命令领域仍有很大制度空间。对海事行政"责令类"行为进行准确定性,需要对海事行政"责令类"行为正名别类,处理好各种"责令类"行为的表述与衔接,对海事行政"责令类"行为的名称也需要进一步模式化,通过完善自由裁量标准以实现"责令类"行为的效果落地。

图 3-1　《海事行政"责令类"行为定性的规范审视》摘要

● 一、问题的提出
● 二、海事行政处罚"责令类"行为的再定位
● 三、对海事行政"责令类"行为定性的案例解读
● 四、域外经验模式对比及其启示
● 五、海事行政"责令类"行为定性思路

图 3-2　《海事行政"责令类"行为定性的规范审视》论证架构

由该题目可知,"海事行政'责令类'行为定性"是该文的核心研究问题。本文在论证方法上兼具规范审视和案例分析两种,而论证架构则为"提出问题+实践分析+域外借鉴+解决对策"。具体而言,首先,提出所要研究的问题;其次,在规范层面对海事行政处罚"责任类"行为进行重新定位;再次,通过对海事行政"责任类"行为的实际案例进行分析,发现其中存在的问题;复次,对域外经验模式进行考察并总结启示;最后,提出海事行政"责任类"行为的定性路径。

（二）示例二

我们再以《论市场监管权与综合行政执法权之协调》①为例,该文的摘要和论证架构如图 3-3、图 3-4 所示。

---

① 参见谭波、赵智:《论市场监管权与综合行政执法权之协调》,《西北大学学报(哲学社会科学版)》2023 年第 3 期,第 74—85 页。

●摘 要: 党的二十大报告提出要强化多个领域的市场监管,同时将优化政府
职责体系与深化行政执法体制改革予以明确。市场监管与综合行政执法作
为党和国家机构改革后分道重组的两类行政权力,同样需要协调,而其协
调首先起步于两类权力所依托的法治保障之间的区别。市场监管权力改革
的法治保障呈现系统化趋势,而综合行政执法更多通过"文件"进行权力
划转。市场监管与综合行政执法的权力协调首先应考虑进一步组织化、法
定化,同时拓展联合监管的适用,并补强市场监管等业务职能部门向综合
行政执法部门的权力划转。在此基础上,中央和地方都应进一步通过立法
明确各项权力的去留,更深刻关注行政处罚法等新法的内在精神,多层次
倒逼各方加强执法保障,实现权力协调在各层面的综合效应。

图 3-3　《论市场监管权与综合行政执法权之协调》摘要

●一、问题的提出
●二、市场监管与综合行政执法权力协调的法定化现状
●三、市场监管与综合行政执法权力协调的应有原则
●四、市场监管与综合行政执法权力协调的改革路径
●五、结语

图 3-4　《论市场监管权与综合行政执法权之协调》论证架构

　　由该文题目可知,市场监管权与综合行政执法权之间的协调是核心问题。为
了解决这一问题,该文所采用的论证架构为"问题提出+现状分析+原则设定+改革
策略",具体而言,首先对这两种权力的实践现状展开分析,从而发现其中存在的
问题;其次,承接上述问题,对这两种权力之间应当如何进行协调的原则进行设定;
最后,提出解决问题的具体理论方案。

（三）示例三

　　我们以《行政授权与行政委托:衍生性权力的法律规制》①为例,该文的摘要和
论证架构如图 3-5、图 3-6 所示。

---

　　① 　参见谭波:《行政授权与行政委托:衍生性权力的法律规制》,《当代法学》2022 年第 6
期,第 79—89 页。

●摘 要:行政授权与行政委托,是行政权配置与行使的特殊方式,也是"职权法定"原则的特殊表现形态。实践中,行政授权兼具实体法授权与监督救济法授权的多种模式,授予的权力也复杂多样。而行政委托也受到行政授权模式的深刻影响,甚至在某些领域行政委托与行政授权难以区分。伴随我国行政执法体制改革,行政授权执法与行政委托执法呈现出扩张态势。作为一种"衍生性行政权",在行政组织法尚不健全的背景下,行政授权与行政委托的规范难题在于既要保障"职权法定"与"权责统一",又要满足基层治理中不断扩张的执法需求。为此,需要对行政授权与行政委托的规范基础进行梳理重构、对其法律内涵进行准确阐释,对其权责进行精确匹配。

图 3-5　《行政授权与行政委托:衍生性权力的法律规制》摘要

●一、权力何以衍生:授权与委托的规范基础

●二、权力何以运行:授权与委托的制度实践

●三、权力何以失范:授权与委托的法治难题

●四、权力何以规制:授权与委托的发展方向

●五、结语

图 3-6　《行政授权与行政委托:衍生性权力的法律规制》论证架构

由题目可知,该文的核心问题是对行政授权和行政委托——这两种衍生性权力——进行法律规制。该文的论证架构为"产生原因+制度实践+引发问题+完善对策"。具体而言,首先分析行政授权和行政委托产生的原因;其次,对这两种权力在实践中的具体运行展开分析;再次,对运行中所产生的问题进行归纳;最后,提出具体的完善对策。

(四)示例四

以《论〈监察法〉中的"有关人员"——基于党和国家监督体系的统合需求》①为例,该文摘要和论证架构如图 3-7、图 3-8 所示。

---

①　参见谭波:《论〈监察法〉中的"有关人员"——基于党和国家监督体系的统合需求》,《行政法学研究》2023 年第 5 期,第 122—135 页。

● **摘 要**: 党和国家监督体系的运行关涉刑法、 监察法、 行政法等诸多部门法。《监察法》 中的新生概念，须注重与刑法、 行政法中现有法律概念的统合。概念的统合背后还牵涉价值的综合与法治建设路径的选择，宪法在各部门法监督法定概念中应展示其统合力。以 "有关人员" 这种不确定法律概念为切入口，兼及 "国家工作人员" "国家机关工作人员" 这类 "追责式" 概念间的逻辑关系及其远景存废。"公职人员" 作为最具有统合思路的监察法 "追责式" 概念不能局限于部门法，应成为未来统合部门法监督对象概念的重要载体，在宪法中体现其引领力和价值综合功能，并在应对统筹国内法治和涉外法治的需要中彰显其包容性，同时在外延上实现对退休公职人员和公职人员的特定关系人之必要扩容。

图 3-7 《论〈监察法〉中的"有关人员"——基于党和国家监督体系的统合需求》摘要

- 一、问题的提出
- 二、"有关人员"概念产生的制度空间与作用方向
- 三、党和国家监督体系追责重心统合需求
- 四、党和国家监督体系中部门法追责重心统合思路
- 结 语

图 3-8 《论〈监察法〉中的"有关人员"——基于党和国家监督体系的统合需求》论证架构

　　由题目可知，该文是一篇典型的概念分析类文章，其核心问题在于基于党和国家监督体系的统合需求的背景下对《监察法》中"有关人员"的具体内涵进行探讨。该文的论证架构为：首先，对"有关人员"这一概念的产生与作用展开理论溯源。其次，如图 3-9 所示，对党和国家监督体系的统合需求进行分析，分别从法治、现实、理论与政策共四个方面展开阐述，虽然表面上属于论证必要性与需求的内容，但这部分对后续思路的提出十分关键。最后，如图 3-10 所示，该文第四部分，从"大"到"小"依次展开论证，从"精神"到"概念接轨"再到"外延扩容"。

- ● 三、 党和国家监督体系追责重心统合需求
- ●（一）党和国家监督体系追责重心统合的法治需求
- ●（二）党和国家监督体系追责重心统合的现实需求
- ●（三）党和国家监督体系追责重心统合的理论需求
- ●（四）党和国家监督体系追责重心统合的政策需求

图3-9　《论〈监察法〉中的"有关人员"——基于党和国家监督体系的统合需求》"需求"论证铺垫

- ● 四、 党和国家监督体系中部门法追责重心统合思路
- ●（一）宪法精神指导下的概念统合
- ●（二）推进涉外法治中的概念接轨
- ●（三）对 "公职人员" 外延的实质扩容

图3-10　《论〈监察法〉中的"有关人员"——基于党和国家监督体系的统合需求》的对策列示

（五）示例五

我们以《论复合式行政行为的类型化及其法治改造》①为例,该文的摘要和论证架构如图3-11、图3-12所示。

- ● 摘 要: 对复合式行政行为的类型化及法治改造,有明显的实践需求,表现在契合基层共同治理的法治化趋势、重新识别行政行为过程的需要,也是促成"权责统一"实现的需要。复合式行政行为涵盖明示的复合式行政行为和暗示的复合式行政行为。明示复合式行政行为包括主体复合式行政行为、行为内容复合式行政行为和意思表示复合式行政行为,暗示复合式行政行为则分为裁量性复合式行政行为和附条件复合式行政行为。对各种代表不同行政趋势的复合类型,可根据处分性的统一标准,在治理理论、行政过程论、权责一致理论的指导下进行法治改造。同时对明示复合的行政行为还可依据类型化分析的技术明确其责任分配规则,以处分性为标准来对应权责,同时避免出现政出多门的行为模式表述,对法律语词的涵义进行统一;而对暗示复合式行政行为,更要注重处分性原则的扩展适用,填补原有法律规范中的结构缺项和表述空白,使其对应的法律规范完整化,解决处分性缺位的问题,从良法的渠道促进善治。

图3-11　《论复合式行政行为的类型化及其法治改造》摘要

① 参见谭波、张增辉:《论复合式行政行为的类型化及其法治改造》,《河南财经政法大学学报》2023年第3期,第1—13页。

> ●一、复合式行政行为法治化的实践刚需
>
> ●二、对复合式行政行为的类型化分析
>
> ●三、处分性视角与复合式行政行为的法治改造
>
> ●四、结语

图 3-12 《论复合式行政行为的类型化及其法治改造》论证架构

由该文题目可知,"复合式行政行为"是所要研究的核心问题。该文的论证架构为:首先,如图 3-13 所示,在第一部分对复合式行政行为法治化的实践需求展开论述,从"治理"到"过程论"再到"权责统一"原则,强调对此问题研究的必要性。其次,如图 3-14 所示,通过类型化的方法对复合式行政行为进行分类分析。最后,如图 3-15 所示,结合"处分性"理论,"处分性"理论在日本行政法里也有类似表述,但同时注意区分与日本理论的不同,注意区分与民法理论的不同,并提出对复合式行政行为的具体法治改造举措。

> ●一、复合式行政行为法治化的实践刚需
>
> ● (一) 主体视角:基层共治的需要
>
> ● (二) 行为层面:重识行政行为过程的需要
>
> ● (三) 责任层面:促成"权责统一"的需要

图 3-13 《论复合式行政行为的类型化及其法治改造》对"实践刚需"的论证

> ●二、对复合式行政行为的类型化分析
>
> ● (一) 明示的复合式行政行为
>
> ●1.主体复合
>
> ●2.行为内容复合
>
> ●3.意思表示复合
>
> ● (二) 暗示的复合式行政行为
>
> ●1.裁量式复合式行政行为
>
> ●2.附条件复合式行政行为

图 3-14 《论复合式行政行为的类型化及其法治改造》对"类型化分析"的处理

> ● 三、处分性视角与复合式行政行为的法治改造
> ● （一）处分性的理论认定
> ● （二）处分性视角下对复合式行政行为的法治改造

图 3-15 《论复合式行政行为的类型化及其法治改造》对"法治改造"的定位

（六）示例六

我们以《全面提高审判质效的制度供给与现实要求——基于全面落实司法责任制的考量》①为例，该文的摘要与论证架构如图 3-16、图 3-17 所示。

> ● **摘 要**: 审判质效的提高是全面落实司法责任制的现实考量。需要全面考虑对法院、法官的要求和对配套条件的要求。法院行政领导在前期对审判质效的把关、合议庭作为审判组织作用的合理发挥以及"陪审法官制"的构建，已成为提高审判质效对法院的重要要求。对于法官而言，审判质效来源于具体的操作流程，除了审判礼仪和司法行为的规范之外，还需要强化职责意识和程序指引，同时辅之以责权利相统一的保障制度。从配套制度和条件的建构上，提高审判质效还需要统筹推进法官员额和政法编制合理配置，加强院校合作与书记员培养，进一步深化司法公开。

图 3-16 《全面提高审判质效的制度供给与现实要求——基于全面落实司法责任制的考量》摘要

> ● 一、提高审判质效对法院本身的要求
> ● 二、提高审判质效对法官的要求
> ● 三、提高审判质效对配套制度和条件建构的要求

图 3-17 《全面提高审判质效的制度供给与现实要求——基于全面落实司法责任制的考量》论证架构

由题目可知，该文所要研究的核心问题是如何提高"审判质效"。该文的性质是一种实证性论文，采用的是一种并列式论证架构。虽然这种论证架构相比递进

---

① 参见谭波:《全面提高审判质效的制度供给与现实要求——基于全面落实司法责任制的考量》，《求是学刊》2020 年第 1 期，第 113—123 页。

式论证架构使用较少,但对解决实证领域的问题可以适用。具体而言,全文以司法责任制为背景,分别论证了提高审判质效对法院、法官以及配套制度和条件建构的要求。

（七）示例七

以《我国地方政府疫情防控行为的合法性风险反思——以地方"授权决定"为切入点》①为例,该文摘要与论证架构如图 3-18、图 3-19 所示。

● 摘要：疫情防控的突发性容易引起政府行为的非常规性,但合法性是地方国家权力机关及其执行机关在实施相应的国家行为时必须坚持的根本标准。各省级人大常委会通过的授权政府采取临时性应急管理措施的决定成为地方疫情防控的重要依据,但从授权行为种类及其权限、被授权主体、征用补偿措施采取的程序等方面可以观察其合法性风险。对一些具有突破性的授权规定,也可以进一步考量对其合法性风险的减除思路:优化地方授权决定的立法理念、注意制定依据和"不抵触"与"不违背"原则的适用、区别细化授权决定的具体内容和模式,以及合理确定"授权决定"生效时间规定。

图 3-18　《我国地方政府疫情防控行为的合法性风险反思——以地方"授权决定"为切入点》摘要

● 一、地方国家权力机关授权地方政府的疫情防控行为方式对比
● 二、地方"授权决定"可能引发的合法性风险反思
● 三、减除地方防控疫情行为合法性风险的思路
● 结语

图 3-19　《我国地方政府疫情防控行为的合法性风险反思——以地方"授权决定"为切入点》论证架构

由题目可知,该文所要研究的核心问题是以特殊时期省级人大常委会的地方"授权决定"为切入点,分析我国地方政府的疫情防控行为的合法性风险。该文采取的论证架构为一种递进式架构,首先以表格的形式对地方国家权力机关授权地方政府疫情防控行为方式进行归纳和对比;其次,对这些"授权决定"行为所引发的合法性风险进行分析;最后,针对这些风险,提出改进的具体思路。

---

① 　参见谭波:《我国地方政府疫情防控行为的合法性风险反思——以地方"授权决定"为切入点》,《北京行政学院学报》2020 年第 3 期,第 18—27 页。

（八）示例八

我们以《重大行政决策类规范性文件合法性审查研究》①为例,该文的摘要与论证架构如图 3-20、图 3-21 所示。

●摘要: "重大行政决策类规范性文件"是由"重大行政决策"与"规范性文件"建构而成的复合概念。实践中无论是对重大行政决策抑或对规范性文件的合法性审查,都无法将"重大行政决策类规范性文件"完全纳入其中。"重大行政决策类规范性文件"的合法性审查具有推动重大行政决策类规范性文件法治化、优化法治政府建设与行政首长负责制、衔接各种合法性审查制度发展等审查"刚需"。通过对"重大行政决策"与"规范性文件"目前接受合法性审查的多重维度进行透视,可以勾勒出"重大行政决策类规范性文件"合法性审查的现状与存在的典型问题。在"重大行政决策类规范性文件"合法性审查制度下一步的完善中,应当从注重不同审查主体预防性沟通、确定不同阶段的审查重点、对备案审查形成相应的原则指引方面进行相应补强。

图 3-20 《重大行政决策类规范性文件合法性审查研究》摘要

●一、问题的提出

●二、重大行政决策类规范性文件的审查"刚需"

●三、重大行政决策类规范性文件合法性审查的类型化分析与现状反思

●四、重大行政决策类规范性文件备案审查的制度补强

●结语

图 3-21 《重大行政决策类规范性文件合法性审查研究》论证架构

由题目可知,该文所主要研究的问题是重大行政决策类规范性文件的合法性审查。该文所采用的论证架构为一种递进式论证。首先,对重大行政决策类规范性文件合法性审查的必要性进行论证,主要是基于该类文件是一种具备双重属性的特殊国家公文,对其开展合法性审查需要有特殊的应对;其次,对重大行政决策类规范性文件合法性审查进行类型化分析,对实践中存在的问题予以揭示;最后,提出重大行政决策类规范性文件合法性审查的制度补强。

---

① 参见谭波、赵智:《重大行政决策类规范性文件合法性审查研究》,《北京行政学院学报》2022 年第 4 期,第 88—96 页。

（九）示例九

以《权责统一：责任型法治政府建设的基本思路》①为例，该文的摘要与论证架构如图 3-22、图 3-23 所示。

●**摘要**：权责统一是全面推进依法行政和法治政府建设中持续推进的制度目标，其提出和最终确立也显示了中国责任型法治政府建设的需求。权责一致需要彰显责任对权力运行的辅助推进功能，但不能仅仅局限于权责清单的表面落实。对权责一致的落实，应该有充分的类型化总结与情形列举，从决策执行的不同权力架构中确立责任定位，决策层与执行层都有着相对独立的担责情形，已经成为目前国家责任科处中的一种普遍趋势。为强化权责统一原则的推行，应从理念上强调机构编制法定化的新型执法理念。权责统一的严格推行，实际上也是进一步建构法理型统治的具体表现。同时强调宪法责任的引领和落实，区别于政治责任，并对责任进行体系化处理。

图 3-22　《权责统一：责任型法治政府建设的基本思路》摘要

●一、权责统一的制度意涵与原则确立

●二、权责统一的发生机制、目标与表现形式

●三、微观权责统一的类型化分析

●四、强化权责统一原则的理念与制度路径更新

●五、结　语

图 3-23　《权责统一：责任型法治政府建设的基本思路》

由题目可知，该文所要研究的核心问题是阐释"权责统一"原则在责任型法治政府建设中的作用机制。该文的论证架构为：首先，在理论上对"权责统一"原则的基本意涵与确立进行了论述。其次，分析了该原则的产生机制、目标与表现形式。这两部分的写作目的主要是使读者能够对"权责统一"在责任型法治政府建设中的作用有全面了解。再次，如图 3-24 所示，在微观层面通过类型化的方法对目前该原则在实践中存在的问题予以归纳，最后，如图 3-25 所示，从理念、责任形式和效应整合方面提出具体理论解决方案。

---

① 参见谭波：《权责统一：责任型法治政府建设的基本思路》，《西北大学学报（哲学社会科学版）》2020 年第 4 期，第 168—178 页。

> - 三、微观权责统一的类型化分析
> - (一) 类型一：执行层与决策层的权责匹配
> - (二) 类型二：决策层内部及其相关环节的责任匹配
> - (三) 类型三：执行层面的不作为责任

图3-24　《权责统一：责任型法治政府建设的基本思路》对微观权责统一的类型化处理

> - 四、强化权责统一原则的理念与制度路径更新
> - (一) 理念更新：机构编制法定化与"法理型统治"
> - (二) 责任形式补强：强调宪法责任的补缺
> - (三) 效应整合：对责任进行体系化处理

图3-25　《权责统一：责任型法治政府建设的基本思路》对理念与制度更新路径的定位

(十) 示例十

以《党政合署办公后决策责任的定位与适用》①为例，该文摘要如图 3-26 所示。

> - 摘要：作为党和国家机构改革的一种形式，党政合署办公对未来决策责任的定位有直接影响。党内决策与行政决策的不同机理决定了两者最终在承担责任方面倾向不同。如何重构合署型决策机制下的责任，是党政合署办公首先需要面对的问题。在责任的大框架之内，还存在决策责任与领导责任、政治责任、宪法责任等不同维度下的细致区别。党政合署办公后必然产生宏观上相对统一的变化趋势，各种具体责任情形也会发生变化。就决策机制中的集体讨论决定而言，合署办公情形下集体讨论决定的价值定位发生变化，集体责任与个人责任存在区分的必要，需要对现有的相关党规和国法进行系统修构，同时合署办公后集体讨论决定之决策责任的减免机制也需要进一步明确，以统合党内决策与行政决策在集体讨论决定责任减免上的不同立法倾向。

图3-26　《党政合署办公后决策责任的定位与适用》摘要

---

① 参见谭波：《党政合署办公后决策责任的定位与适用》，《党内法规理论研究》2021 年第 2 期，第 91—109 页。

由题目可知,该文所要研究的是党政合署办公后决策责任的定位与适用问题。该文所采取的论证架构也是一种递进式论证:首先,如图3-27所示,阐释党政合署办公的性质以及党政合署办公所带来决策机制的变化。其次,如图3-28所示,分析党政合署改革后决策责任的基本性质与具体情形,目的在于全方位地透视党政合署办公对决策责任的影响和作用。最后,如图3-29所示,以集体讨论决定责任为切入,对党政合署办公决策责任从价值、依据和个人责任方面提出完善方案。

- 一、党政合署办公改革与决策机制之变
- （一）党政合署办公的定性
- （二）党政合署后决策机制的变化
- 1.决策依据上的变化
- 2.决策范围上的变化
- 3.决策机制适用上的变化

图3-27　《党政合署办公后决策责任的定位与适用》第一部分的论证架构

- 二、党政合署改革后决策责任的定性、变化趋势与情形区分
- （一）党政合署决策责任定性的关注维度
- 1.宪法责任
- 2.具体政治责任
- 3.领导责任
- （二）党政合署后决策责任的变化趋势
- （三）党政合署办公后决策责任的具体情形
- 1.因党政合署办公致决策主体结构变化时的责任承担
- 2.因党政合署办公致决策机制适用变化时的责任承担
- 3.因党政合署办公致决策责任认定范围的变化

图3-28　《党政合署办公后决策责任的定位与适用》第二部分的论证架构

```
●三、合署办公后决策责任的具象化：集体讨论决定责任的定分
● （一）合署办公后集体讨论决定的价值定位
● （二）集体讨论决定责任的依据整合
● （三）合署办公集体决策中个人责任的减免
●1.集体决策中个人责任减免的适用规则
●2.对集体讨论决定责任减免情形的廓清
```

图3-29　《党政合署办公后决策责任的定位与适用》第三部分的论证架构

　　以上是笔者以自己的科研成果为示例对论证架构展开的具体阐述。这些示例中既有递进式论证架构，也有并列式论证架构，还有综合式论证架构，总体以递进式论证架构为主，这也与目前学界以递进式论证架构为主流的现象相符合。毋庸置疑，论证架构对于一篇法学论文而言具有极高的重要性，尤其是在论文发表日益"内卷"的今天，其不仅是作者论证某一问题时运思"轨迹"的再现，还是能否在成千上万的稿件中脱颖而出的关键所在。但除此之外，一篇优秀法学学术论文的正文写作同样重要。这是本书接下来所要探讨的问题。

第四章

正文写作

　　正文是一篇文章的主体部分,不同类型问题的正文写作方法虽有不同且变化不居,不可悉数总结、完全照搬,但万变不离其宗,实践中总有可以共通的写作方法与范式。另外,写作方法也是熟能生巧,唯有多写,增加语感,方能升华。下文将以具体示例来介绍正文的写作方法。

一、具体示例

(一)示例一

　　我们仍以《行政授权与行政委托:衍生性权力的法律规制》①一文为例。

　　如图 4-1 所示:该段第一步是用高度精炼的语言告诉大家"是什么"。对此,一般采用的方式是"第一,……,第二,……,第三,……"的"分点介绍法"。另外,"由此推知""因此"等连接词很重要,由总结别人的观点变为自己的结论性观点。"当然""但是"等词则表明了观点的辩证性与多视角性。

　　第二步是结合法条。行政法学作为部门法学的特点在于其针对的法条多,变化快,而且这些法条在行政体制改革快速进行的情况下会变得愈发难以回应现实,所以需要结合法条找问题,重点法条就变得异常关键,比如"法律保留"条款(2023年修改后的《立法法》第 11 条)。这种规范分析法在公法学论文中不可或缺。

　　第三步是统合国外与国内学者的观点(基础)。这属于学术基本功,考验写作者的阅读量与理解力,提升这种能力的最好办法是日常的读书和文献积累,而且务必注意文献的针对性,所谓"千'文'易得,一'献'难求"即是此意。

　　如图 4-2 所示,该段是对"法条"高度浓缩,通过规范分析,在其中反思问题。

---

　　① 参见谭波:《行政授权与行政委托:衍生性权力的法律规制》,《当代法学》2022 年第 6期,第 79—89 页。

（一）行政授权的规范基础

行政授权产生的基础是"职权法定"原则。所谓职权法定，实际上有三层含义：一是行政机关的创设具有法律依据；二是行政机关的权力来源于法律授权；三是行政机关必须在法律规定的职权范围内活动，不得超越法律的授权。由此推知，行政机关的法定职权一般可简化理解为行政机关的"固有权力"，也就是自行政机关产生之日，法律就配置了一定的行政权。因此，这种意义的授权一般都是由行政组织法规定，首先是设定行政主体资格，其次才是具体的权力配置问题。当然，行政机关的职权也并非固定不变，而是会伴随行政行为法的制定或修改而发生变动。这也成为"法律保留"原则的调控空间。"一般情况下，行政主体采取的方法、手段和措施并不需要法律特别授权，但是，当这些方法、手段和措施涉及相对人的权利和义务时，则必须有法律特别授予。"[4] 例如，《立法法》第 8 条规定对"限制人身自由的强制措施和处罚""对非国有财产的征收、征用"等项"只能制定法律"。在国外，荷兰法主权论学者克拉勃主张，"必须承认法律——制定的法律——不但是公民的权利和义务来源，而且是所谓主权者的权利或政府一切构成权的基础。"[5] 国内学者对行政行为的法律从属性也有共通认识，有学者指出："行政权只能来源于法律，行政权的运用、行政行为的实施必须服从法律，受法律的约束。"[6] 有学者还

图 4-1 《行政授权与行政委托：衍生性权力的法律规制》对"行政授权的规范基础"兼收并蓄式写法

二、权力何以运行：授权与委托的制度实践

（一）我国行政授权的制度实践

1. 行政授权的发展历程

从部门行政法来看，1987 年《治安管理处罚条例》明确派出所的裁决权。1992 年《税收征收管理法》规定税务所的处罚决定权。这种"不言明"的单项授权成为其在诉讼时被告地位确立的前提。而根据 2003 年《银行业监督管理法》第 8 条第 2 款规定，"国务院银行业监督管理机构的派出机构在国务院银行业监督管理机构的授权范围内，履行监督管理职责"则属于概括授权的典型表现。

从行政监督救济法来看，我国行政法治发展起初主要倚重行政诉讼。1989 年出台的《行政诉讼法》第 25 条规定，"由法律、法规授权的组织所作的具体行政行为，该组织是被告"，这是从行政监督救济法角度反向确立行政授权的正当性。行政诉讼中的授权规定加速造就了"授权行政主体"的扩张发展。

从一般行政法来看，1996 年《行政处罚法》第 17 条、2004 年《行政许可法》第 23 条以及 2011 年《行政强制法》第 70 条等"行政三法"相关条文都先后确立"法律、法规授权的具有管理公共事务职能的组织"的行政主体资格。这种"多条腿"走路的发展模式为行政授权的理论构建提供了制度基础。有学者更是将行政授权界定为"行政机关在经其行政职权原授予机关同意或者许可的情况下，根据行政管理的实际需要，自主将其自身拥有的行政职权的一部分（或全部）通过授权决定的方式授予其内设机构、派出机构或者其他行政机关、组织行使"。[18]

2. 实体法授权与监督救济法授权之区分

从上述发展历程来看，实体法上的授权与监督救济法上的授权能实现通置。配合 1990 年《行政诉讼法》实施，1991 年《行政复议条例》第 28 条规定，"法律、法规和规章授权的组织

图 4-2 《行政授权与行政委托：衍生性权力的法律规制》对法条的浓缩式写法

如图 4-3 所示，本段是关于创新点的写法。这需要做大量的基础工作，尤其

是需要对大量相关规范进行归纳，从而为开展类型化分析打下基础。

---

3. 行政授权的微观形态

我们主要以现行有效的法律为例，以法条中明示"授权"表述为分析样板，对其进行类型化分析。截至 2022 年 9 月，我国现行有效法律共计 293 部，在 96 部行政法和 82 部经济法中，涉及授权条款的行政法计 34 部，经济法计 21 部。在这 55 部法律之中，其授权类型大体呈现几种情形：

一是行政授权的定性式情形。除"行政三法"外，一些单行法也采用"法律、法规授权的组织"这种定性式授权表述，如 2021 年通过的《数据安全法》《个人信息保护法》中的"法律、法规授权的具有管理公共事务职能的组织"。由于行政机关主要依据宪法与组织法而产生，而"法律、法规授权的组织"则并没有专门的组织法依据，其仅仅依托部门法规定成就其法律地位。这其中既包括公务员法上的参公事业单位，还有其他法律法规授权的普通事业单位。

二是行政授权的定向式情形。《行政处罚法》和《行政许可法》规定省级以上政府可决定一个行政机关行使有关行政机关的行政处罚权，或经国务院批准决定一个行政机关行使有关行政机关的行政许可权。这种授权本身并不定性，主要明确授权主体的范围以及可以授权的对象。《行政处罚法》第 24 条还规定省级政府可"决定将基层管理迫切需要的县级人民政府部门的行政处罚权交由能够有效承接的乡镇人民政府、街道办事处行使"。这种"可以决定""交由有能力主体"行使相应权力的授权，[20] 不但打破了"级别管辖"的边界，而且赋予了授权主体高度的自由裁量权，也是一种定向式授权。

图 4-3　《行政授权与行政委托：衍生性权力的法律规制》对行政授权类型的总结式写法

如图 4-4 所示，该段是通过设问式的写法，结合案例分析的方法，回应前文的类型化分析。

（四）如何满足"权责一致"的法治要求？

授权界限如何得到精确估量，需进一步明确。有些表述泛化的授权不能直接确定其权力限度。以授权代行出资人职责为例，国资委在具体管理国有企业过程中所扮角色十分关键。在（2020）最高法行申 6984 号行政裁定书中，最高人民法院认定，长昌煤矿在采矿权到期后未获批准延续，原海南省国土厅通知要求注销其采矿许可证并无不当。复议决定和二审判决均无不当。最高法对再审请求不支持。纵观该案，省国资委并未发挥解决遗留问题的关键功能。如海南省高院在（2019）琼行终字判决书中所认定的，省国资委可被视为长昌煤矿合法授权沟通采矿权延续事宜的单位。其与省自然资源规划厅（以下简称"资规厅"）都属于省政府下属机构，只能通过省政府办公厅沟通。但省国资委在收悉省资规厅《关于限期办理海南省长昌煤矿采矿许可证注销的通知》后，只是又通过省政府办公厅发函，未同时将通知反馈给长昌煤矿，而作为行政主管部门的省资规厅认为通知只是行政机关内部沟通函，且"已经送达到长昌煤矿的合法授权委托人，并不存在未送达的问题"，长昌煤矿的采矿许可证到期已废止，省资规厅就直接向长昌煤矿发出限期注销的通知。这一结论最终导致（2020）琼 0107 刑初字 153 号判决产生，长昌煤矿相关负责人被认定为非法采矿罪。从这一"刑事附带行政"的案件中，我们可看出作为"国企娘家"的国资委有时难成国企"法定授权（代行使出资职责）人"，而又因其传声不当导致企业承担不利后果。在权责统一的大背景下，很难说国资委无责需担。实践中对于委托的责任承担则更需事前关注。关键在于，如何区分各类行政授权与行政委托自带的风险特征，对各种权责担当做好风险防范设计。

图 4-4　《行政授权与行政委托：衍生性权力的法律规制》对"权责一致"的回应式写法

如图 4-5 所示,该段的目的是回应标题:将"授权"与"委托"的关系再一次挑明。

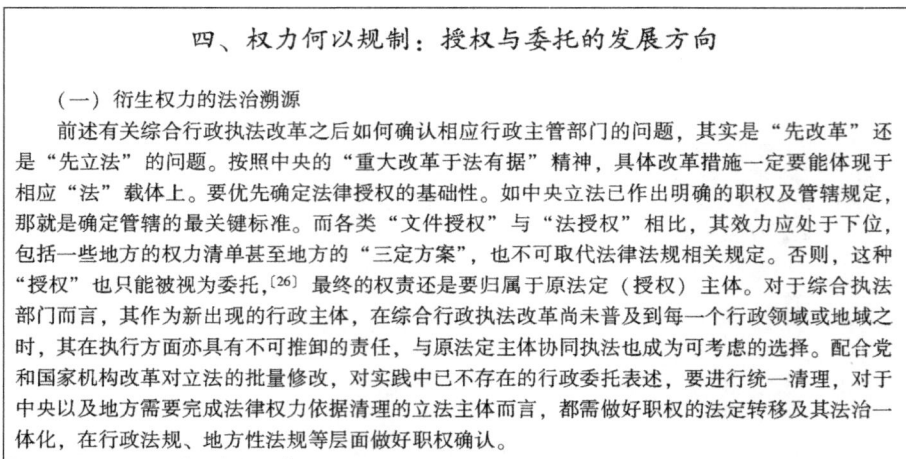

四、权力何以规制：授权与委托的发展方向

（一）衍生权力的法治溯源

前述有关综合行政执法改革之后如何确认相应行政主管部门的问题,其实是"先改革"还是"先立法"的问题。按照中央的"重大改革于法有据"精神,具体改革措施一定要能体现于相应"法"载体上。要优先确定法律授权的基础性。如中央立法已作出明确的职权及管辖规定,那就是确定管辖的最关键标准。而各类"文件授权"与"法授权"相比,其效力应处于下位,包括一些地方的权力清单甚至地方的"三定方案",也不可取代法律法规相关规定。否则,这种"授权"也只能被视为委托,[26] 最终的权责还是要归属于原法定（授权）主体。对于综合执法部门而言,其作为新出现的行政主体,在综合行政执法改革尚未普及到每一个行政领域或地域之时,其在执行方面亦具有不可推卸的责任,与原法定主体协同执法也成为可考虑的选择。配合党和国家机构改革对立法的批量修改,对实践中已不存在的行政委托表述,要进行统一清理,对于中央以及地方需要完成法律权力依据清理的立法主体而言,都需做好职权的法定转移及其法治一体化,在行政法规、地方性法规等层面做好职权确认。

图4-5 《行政授权与行政委托:衍生性权力的法律规制》对衍生权力法治溯源的总结与回应

如图 4-6 所示,结语的写作需要对全文的观点进行适当的拔高和意义升华,从而凸显问题的意义。如本段就通过指出行政授权与行政委托对行政法的总体影响是什么和对行政基本法典制定的意义何在实现此目的。

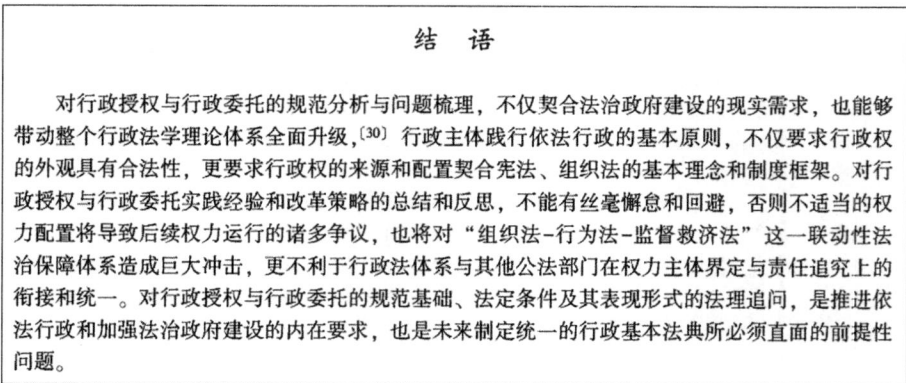

结　语

对行政授权与行政委托的规范分析与问题梳理,不仅契合法治政府建设的现实需求,也能够带动整个行政法学理论体系全面升级,[30] 行政主体践行依法行政的基本原则,不仅要求行政权的外观具有合法性,更要求行政权的来源和配置契合宪法、组织法的基本理念和制度框架。对行政授权与行政委托实践经验和改革策略的总结和反思,不能有丝毫懈怠和回避,否则不适当的权力配置将导致后续权力运行的诸多争议,也将对"组织法-行为法-监督救济法"这一联动性法治保障体系造成巨大冲击,更不利于行政法体系与其他公法部门在权力主体界定与责任追究上的衔接和统一。对行政授权与行政委托的规范基础、法定条件及其表现形式的法理追问,是推进依法行政和加强法治政府建设的内在要求,也是未来制定统一的行政基本法典所必须直面的前提性问题。

图4-6 《行政授权与行政委托:衍生性权力的法律规制》的结语

（二）示例二

我们以《权责统一：责任型法治政府建设的基本思路》①为例。

如图 4-7 所示，该段作为首段，用高度浓缩的语言，分别对"权责统一"这一核心问题的学科界分、政策依据、内涵分析、现象列举、国外类比、国内语境回归作出说明。

> 权责统一，或称权责一致，是行政法学和行政学等不同学科的学者与实务界人士都在关注的权力运行目标与基本原则，事关国家治理。党的十九届四中全会重申的"国家治理体系与治理能力现代化"，是一种综合的体系性目标，权力与责任在其中构成一对典型的要素组合，权责之间实现统一也成为必然趋势。特别是党和国家机构改革进行之后，这一要求更为急迫。从责任的功能来看，实行严格的法律监督并以问责制作为保障，是法治国家、法治政府建设的基本需要，是权责一致原则的具体要求[1](P前言19)。权责不统一可能包含有权无责的问题，也可能涉及权责不匹配的问题。权力大责任小、权力小责任大、"集权不集责、放责不放权"等政府权责紊乱问题，常常普遍存在于政府、市场与社会三者互动的日常实践中，并直接影响国家治理能力和治理绩效[2]。这种情况同样也存在于西方，美国兰德政府研究院院长 Robert Klitgaard 曾提出"腐败(Corruption) ＝ 垄断(Monopoly) ＋ 自由裁量权(Discretion) － 责任(Accountability)"的公式[3](P3)，对待腐败这种权力异化的后果，如果我们想让其无限接近于零，就需要有相应体量和限度的权力，同时此使其承担多大的责任。责任作为一种减数，则应根据实际需要保证其与垄断和自由裁量权的成比例增长。因此，国家治理需要权责统一，把权力装进制度的笼子，使相应类型的腐败被挤压到极致。

图 4-7 《权责统一：责任型法治政府建设的基本思路》的开篇高度浓缩式写法

如图 4-8 所示，该段是将概念中的中西词源对比挖掘出来，同时，对概念中的"关键字"进行解构式分析，辅之以学说、理论，增强文章的学术色彩。

> **（一）权责统一的制度意涵解构**
>
> 权力(power)可以指在法律上具有的通过做出或不做出一定行为而改变一定法律关系的能力或资格，由国家机关授予。因此，有时权力与授权都可以 Power 来指代[4](P1072)，这种授权甚至出现在私法领域。权责统一中的"权"与"责"都更多地特指行政权及相应的行政(法律)责任。就法律责任而言，对其的法理理解主要包括处罚说、(第二性)义务说、(不利)后果说、(人与人之间)关系说以及着重吸收前述义务说、后果说等观点，加之以法律地位分析视角的"三位一体说"，即有责主体因法律义务违反而应承受的由专门机关依法确认并强制或承受的合理负担[5](P2665-2666)。

图 4-8 《权责统一：责任型法治政府建设的基本思路》的中西词源对比式写法

① 参见谭波：《权责统一：责任型法治政府建设的基本思路》，《西北大学学报(哲学社会科学版)》2020 年第 4 期，第 168—178 页。

如图 4-9 所示,该段是通过对关键词进行类型化分析——这也是最有效的写作方法之一——对"权责统一"这一概念进行全方位阐述。这种写作方法考验写作者对同一概念的宏观认识、中观认识与具体认识,需要平时多积累各学科知识。

> 从这里看,应该分为宏观的权责统一、中观的权责统一和微观的权责统一。宏观的权责统一应该注重政府级次,对不同级别的政府财权、事权做良好匹配,正如党的十九届四中全会所提出的"优化政府间财权、事权划分"原则,诸如事权和支出责任相统一的理念成为宏观权责统一的最好支撑。严格地说,这是一种公共受托责任,包含政治责任、经济责任和社会责任三个方面,政治责任可分为政治统治责任、外部防御责任、内部治安责任、民主法制责任,经济责任分为广义公共产品提供、宏观调控和收入再分配,社会责任则包括维护外部安全、维护内部安全、维护社会信用、健全法律机制、反对失业贫穷、防止环境恶化和克服经济波动,这些次级责任对应着政府的各种具体职能部门的职能,形成政府责任与政府职能之间的平面联结[6](P16)。中观的权责统一实际上是一级政府或具体职能部门与其公职人员之间的权责划分,这也是划分集体责任与个体责任、单位法律责任和个人法律责任之间的抓手和渠道。微观的权责统一主要讲同一机关之内不同角色分派及其责任承担的问题。这里主要探讨微观层面的权责统一。

图 4-9 《权责统一:责任型法治政府建设的基本思路》的类型化分析写法

如图 4-10 所示,该段是对"权责统一"作为一种政策性规定存在的解读。了解政策沿革是公法论文写作的"诀窍"。

> 3. 权责统一原则的实际表述 权责统一作为一种原则层面的要求最早在我国法治建设过程中出现是在 2004 年的《全面推进依法行政实施纲要》,之前的学界研究更多地强调"责任法定"和"行政责任与行政违法程度相一致"等原则[15](P254-255)。从 2004 年《全面推进依法行政实施纲要》中依法行政的权责统一要求和"权责明确"的行政执法体制到 2014 年《中共中央关于全面推进依法治国若干重大问题的决定》中权责统一的依法行政体制和"权责法定"的法治政府,再到《法治政府建设实施纲要(2015—2020 年)》权责统一的行政执法体制,建构"权责"的目标逐渐明确 "权"与"责"不仅始终没有被分开,而且其联系的程度与覆盖面也越来越宽泛。2019 年 10 月党的十九届四中全会在"完善权力配置和运行制约机制"中再次提到权责统一。随着中国共产党各类党内法规的完善与推行,党纪处分和政纪处分一起也成为权责统一原则中国表现的典型制度构成。

图 4-10 《权责统一:责任型法治政府建设的基本思路》的政策解读式写法

如图 4-11 所示,该段是从"政理"到"法理"的过渡。法学论文应当高度重视法理层面的分析,尽管法律离不开政治,但是即使是在研究政治现象时,也应当从"法理"层面进行诠释,揭示出二者内在的联系。这也是法学论文与政治学论文最大的区别。

> **（二）权责统一的目标**
>
> 　　权责统一的最优目标是法律法规和政治制度能够合理分配公共权力并划分相应职责,同时尽可能克服现代官僚制度自身的内在缺陷[24]。责任型法治政府建设要求矗立于权责统一基础上的责任政府,至少面临着建立健全权力约束机制和责任奖惩机制的制度建设任务,而这两项制度建设是保障公共权责统一的制度基础,"权力是责任的保障,责任是权力的目的;权力与责任在量上对等,在质上匹配"[24]。两者具有连体共生性和相互依存性。更为深层次的目标甚至可以被总结为"权责罚一致","权力是一种行为能力,具体表现为控制能力;责任是一种行为要求,具体表现为合法要求;惩罚是一种行为评价,具体表现为否定评价"[24]。

图4-11　《权责统一:责任型法治政府建设的基本思路》的"政理""法理"兼顾式写法

　　如图4-12所示,该段是对系统性思维的运用,结合同类事物,展开类比,从而深化和拓展"策论"。系统论方法是马克思主义唯物辩证法的典型方法之一,也是法学研究中普遍使用的方法之一,可以有效提升对问题的分析和处理能力。

> **（三）效应整合:对责任进行体系化处理**
>
> 　　有不同的权力行使搭配就会产生不同的责任搭配,对党权和国家权力的责任定位虽有区别,但随着党和国家机构改革的深入进行,不同责任的衔接协调更为必要和明显。责任之间只有形成互为榫卯的契合结构,才能让当事人感到责任体系的威压,也才能在发挥法律规范强制等责任型功能的同时,还保持指引、评价、教育、预测等一般功能。对于行政机关的公职人员来说,责任也早已不再是传统意义上和范围内的法律责任。党纪责任指向行为的多元化及其与行政责任的配合已经成为一种更为明显的趋势。在中国特色社会主义法治体系的整体框架内,随着完善的党内法规体系的加快形成,责任在现代法治政府构建的过程中也不能再仅仅局限于狭义的法律责任,党纪处分和政务处分与国家法律责任必然也需要经历体系化的整合。这种"党内法规中的法理"必须被加以强调。如前文的夏某、刘某滥用职权一案中,虽然夏某被判处滥用职权罪,但被免处刑事处罚,最终其行政职务也得以保留,但其党纪处分不可免,这也是根据《中国共产党纪律处分条例》第二十七条所表述的法条精神,表达了国家刑事法律与

图4-12　《权责统一:责任型法治政府建设的基本思路》对责任体系化处理的写法

　　如图4-13所示,该段是针对"责任科处"这一热点,加大"击发"力度,辅之以一些关键的术语,使法学论文的"规则意识"得以强化。

监督保障类党内法规之间的责任衔接。如果不构成犯罪但需要进行党纪处分的,也需要视具体情节给予警告直至开除党籍的处分,且在处理过程中以"先党纪处分—再政务处分—需要时给予其他处理"的方式来依次科处责任[40](P118-119)。具体来说,在党纪处分与刑事责任处科的先后关系上,对于涉嫌故意犯罪且有可能被判处主刑或单处附加刑的,一般可开除党籍;如涉嫌过失犯罪,可能被判处 3 年以上有期徒刑的,也可开除党籍;但对于涉嫌犯罪情节轻微,检察院可能做出不起诉决定或法院可能做出免予刑事处罚判决的,则可以撤职、留党察看或开除党籍。如果党组织在纪律审查中对党员是否涉嫌犯罪、犯何种罪、司法机关可能做出何种处理存在较大争议,可先移送,在法院一审判决前或最迟在人民法院二审判决前,依据法院的处理意见做出纪律处分,杜绝"先移后处""先法后处",尤其是不能"带着党籍蹲监狱"[41]。但如果移送前已经开除党籍而司法审判中作出无罪判决,则根据判决结果重新作出相应处理。

图 4-13　《权责统一:责任型法治政府建设的基本思路》对"责任科处"的"击发"式写法

(三)示例三

接着以《论复合式行政行为的类型化及其法治改造》①一文为例进行分析。

原文:

复合式行政行为,实际上是从不同观察视角中对行政行为的特征进行界定所得出的结论。①从行政行为的内部(主观)视角出发,对作出或参与作出行政行为的行政主体之意思表示等要素的交叉性加以分析,可得出其属于复合式意思表示的结论;②而从行政行为的外部(主体或行为)视角分析,则有多个行政主体作出同一行政行为的主体复合,或因行政主体所作出行政行为的内容而导致的复合,还存在因实施行政行为过程中目的趋同而引起的复合。③而如果回归法条,并辅之以案例对应,则更有利于在实践案例中准确把握和理解复合式行政行为的构成、法律效果及其责任的划分,以便更好地配合责任型法治政府的建设。

该段作为首段是通过对行政行为的类型化分析,从而交代写作意图、问题意识和研究思路。

原文:

随着我国经济社会的急速发展,诸如中心城区或城郊部分街道的实际管理规模与业务覆盖面不断扩大,甚至已超过上一层级政府设定的管理幅度,有时须通过权力下移方式才便于实现有效管理。现代化的社会治理尤其是基层治理亟须构建基层社会治理共同体。社会治理主体众多,从法制上看宪法概念(居民委员会或基层群众性自治组织)、民法概念(物业服务企业)、行政法概念(法律、法规授权的组织)在立法层面逐渐融合,为复合式行政行为的产生提供了前提。如 2021 年修

①　参见谭波、张增辉:《论复合式行政行为的类型化及其法治改造》,《河南财经政法大学学报》2023 年第 3 期,第 1—13 页。

订的《海南经济特区物业管理条例》第三条和第四条规定,物业管理应遵循多方参与相结合的原则,其中也包含社区治理。该《条例》第三条第二款规定在业主委员会、物业服务人中加强社区治理,第四条还规定了将物业管理纳入社区治理的体系中。2021 年《中华人民共和国城市社区居民委员会组织法(修订草案征求意见稿)》同样有类似规定为,逐渐完善健全基层群众自治制度,可从基层社区治理入手,支持和引入群团组织、社会组织等参与社区治理。这种治理必然伴随着不同性质行为的复合,其不仅需硬法(国家制定法)的回应,还需一系列"软法"支持。

该段是通过打破既有的思维限囿,从"基层共治"的角度出发,兼及硬法与软法的分类,列示最新的地方立法与中央修法动态。

原文:

通过复合式行政行为的分析模式,我们可对行政机关实施行政行为的阶段及定性进行探讨。比如,在行为"前端"的意思表示阶段,终极意思表示由哪个行政主体作出?是否存在下级行政机关依据上级机关作出的意思表示?是否涉及多个行政主体作出的混合意思表示?如果说行政行为的实施阶段属于行为"中端",在此阶段可对实施行政行为的主体及其行为内容进行分析,行政机关上下级各自作出的行政行为是否存在复合?是否具有同一指向性?行为内容是否存在重合?是否对相对人的权益实施了多次有影响或处分性的处罚?在行为"末端"即行政行为的目的和法律效果实现阶段,行政行为目的是否存在复合?它的处分性体现在哪里?法律效果是否与法条原文表述相一致?这些抽丝剥茧式的研究,有助于对行政行为进行系统化重识,而不只是局限于最后的结果认定及责任分担。

该段是一种提问题式的写法,重点在于突出重识行政行为过程的需要。

原文:

学界对"行政处罚权交由乡镇街道"有不同理解,叶必丰教授认为这种执法权下沉的方式是事权的纵向再配置。卢护锋副教授认为行政执法权重心下移在实质上是改变现有法定的执法主体,让不具有行政管理职能的组织被赋予新的权力。但无论是"再配置""改变"抑或是"赋权",都只是表象,其本能外部获取与行政权限内部转移双重结构的职权运作形态,是一种新时代国家治理中的行政权力行使的复合状态。其行政处罚权"交由"乡镇街道推动执法权重心不断下移,甚至出现所谓的"街道吹哨、部门报到",这种方式实际上就成为"复合式行政行为"的典型表现,不同于单纯的行政授权与行政委托。街道(乡镇)在"吹哨"清单的基础上,主动与县级部门进行对接、报告,尤其是对跨部门、跨区域的事项,务必做到"吹哨"及时,用好行政执法的调度权,维系自己在复合式行政行为中的制度角色,真正实现"下沉"时"增效"的工作目标。这种"复合",客观上明确了权力运行前期的协调者与处罚权最终的行使者间"权名责"的分置,倒逼行政责任法与行政行为法之间实现"权责统一"。

该段归纳了学界对"行政权下放"性质的讨论,引出对新概念的探讨(如"交由""街道吹哨、部门报到"等),为下文论述作出铺垫。

原文:

　　主体复合的行政行为不同于共同行政行为,其包括两种情形:横向主体复合与纵向主体复合。横向主体复合是行政主体与一些新型非行政主体之间的行为复合,这种倾向在行政诉讼阶段会形成非行政主体充当诉讼第三人的结果,这也是为了保证责任认定过程更加清晰。在我国社会共治渐成趋势的情况下,这种复合的实质意义逐渐凸显,国外"混合公权力机关"的制度实践也逐渐增多,但从行为规范调控的种类而言,仍然"公私分明"。但如果非行政主体参与了行政行为的过程,又以行政主体的名义参与行为,在有法定依据的个别场合,则可能属于行政委托。而纵向主体复合存在于有隶属关系的行政机关间,下一级行政机关报请上一级行政机关之后,依据上一级行政机关的决定作出行政行为,最高人民法院在其裁判文书中称之为"多阶段行政行为""复数行政行为",与之相关联的是"复数当事人"及"当事人一方或双方为复数的诉讼"。在复合层面上这种报批应是一种内部程序。如果批准程序是外部法定程序,需被认定为共同行政行为。

　　该段是对主体复合的高度类型化分析的结果,另以案例辅助论证。

原文:

　　我们还可以将此类行为延伸到监督救济层面来对比分析。从《中华人民共和国行政诉讼法》(以下简称《行政诉讼法》)第二十六条的规定来看,无论经复议后改变的,还是行政机关委托的、行政机关被撤销或职权变更等行政行为都有相同的特点:即后行政主体作出的行政行为的效力直接覆盖前行政主体作出行政行为的效力,但并不满足实施行政行为的行政主体为两个或两个以上的条件,最终导致只有一个行政主体作出影响相对人权益的行政行为,故《行政诉讼法》第二十六条的内容不符合主体复合的条件。对于复议机关维持的行政行为,虽然在诉讼阶段复议机关和原行为机关为共同被告,但并不意味着该行为作为复合式行政行为而存在,只不过表明在诉讼阶段承担责任的主体不单是作出原行为的机关,因为此时行为的作出已经突破了前期的行为阶段,而原告要推翻的是包括复议决定和原行政行为在内的两个行为。这两个行为的牵连关系造就了这种表面上的"复合",但主体复合的发生主要局限于第一性法律关系之中,而不能发生在保障性法律关系之中。

　　该段是通过进一步延伸——从实体法领域拓展到诉讼法领域,这是文章写作过程中的"升级",但前提是找到理论的共同点或不同点。

原文:

　　目前,我国行政行为法对行政行为内容并无专门的法律标准,按现有《最高人民法院关于适用〈中华人民共和国行政诉讼法〉的解释》第一条的规定,行政行为需要在内容上具有外部法律效力和成熟性。行政行为内容之实质为权利义务关系。行为内容复合,即行政机关实施的两个以上不同性质行政行为内容都会涉及行政相对人的同一利益,都会对同一个行政法律关系的产生、变更、消灭产生影响。比如前文提到的"街道吹哨、部门报到",最终形成的结果是一个行为,不管是"吹哨"还是"报到",都是为保证最终的基层执法行为及时作出。这种复合更多地建基于行为各环节间的关联,还有可能是监管环节和处分环节(处罚的最终作出环节)各自分立但又保持联系。这是行政实践催生出的一种新型行政行为。而在之前的法条规定中,行为内容复合比较典型的表现是城乡规划领域的行为,具体可见《城乡规划法》第三十八条第二款之规定,建设单位以出让的方式,向主管部门领取建设用地规划许可证,而土地管理部门与建设单位签订土地使用权出让合同的行为与建设单位向城市、县人民政府城乡规划主管部门领取建设用地规划许可证的行为,其内容都是行政机关与行政相对人对国有土地使用权的使用、期限等事项作出协商、约定。

该段是分析行为内容复合。

原文:

这其中,既有建设单位与行政机关签订的国有土地使用权出让合同(行政协议),又有城乡规划主管部门颁发的建设用地规划许可证(行政许可)。两个行政行为都对行政相对人土地使用权的使用产生实际影响,具有行为上的指向重合,表现在内容上则是一种因果式的复合。相比前述的环节复合(内复合),这种复合属于一种"外复合"。同样法条精神可见于《中华人民共和国土地管理法》第五十六条规定,建设单位在城市规划区内改变土地用途的,在经自然资源主管部门同意和向原批准用地的人民政府报批前,应先经有关城市规划行政主管部门同意。

该段是对行政行为组合的探究——内复合、外复合,增强论证效果。

原文:

行政法意义上的意思表示,属于行政主体自身内心意思表现的一种形式。行政主体只有将自己意志通过语言、文字、符号或行为等形式表示出来,并告知相对人之后,才能成为一个具体行政行为,而行政行为则是一种表现于外部的、客观化了的意志。同一行政行为,可能来自同级多个行政机关的意思表示,即一个行政机关在作出意思表示之前需要与其他有关行政主体商定,这与实践中牵头单位不同,也不是联合执法。意思表示复合往往以"会同"等词汇作为重要标志。如《城市供水条例》第十三条的规定,县级以上地方人民政府环境保护部门与城市供水部门、水行政部门和卫生部门等之间属于意思表示复合,与本级人民政府之间又属于主体复合,与之相似的是《中华人民共和国湿地保护法》第四十二条的规定。《中华人民共和国烟草专卖法实施条例》第五十七条规定,对其无证经营违法行为的行政处罚可由工商行政管理部门根据烟草专卖行政主管部门的意见作出具体的行政处罚,此时意思表示出现了复合,但最终由工商行政部门决策。这不同于《中华人民共和国烟草专卖法》第十六条的规定,后者属于行政委托。"

在实践中,出现了一些机关在非法定的情况下把一些职权调整给下级机关来行使,"实质上已经构成职权转移,承继职权的行政机关可以长期、持续地实施行政行为",这中间意思联络就可能随时间推移而渐渐减少,更不可能形成意思表示的复合,但原机关仍需要基于该种关系承担委托责任。在日本行政法中这种情况被称之为"专决",也属于行政委托的一种。

这两段是对意思表示复合的分析。对于关键内容,其所引的文献应当具备权威性。这里笔者分别引用了叶必丰教授发表于《中国法学》上的《行政机关间的事务委托和职权委托》一文和日本学者中西又三的《日本行政法》一书中的观点。

原文:

明示的复合式行政行为能从法条条文内容中直接体现,暗示的复合式行政行为就需根据法条精神推断。从复合的要素看,暗示的复合式行政行为主要落脚于目的复合,且主要表现于负担行政领域。究其原因,则是负担行为可产生损益影响,需要更加严格的法条实施授权,这种授权又须着眼于具体的行为方式授权。一行政主体为惩戒一违法行为而同时实施两个以上性质不同的行政行为,目的指向"暗合"。根据其行为实施的具体样态,暗示的复合式行政行为可被分为"裁量性复合式行政行为"和"附条件复合式行政行为"。

该段是对暗示的复合式行政行为的分析。

原文:

该种情形主要源于《行政处罚法》第三十三条第一款后半段的规定,即2021年修订《行政处罚法》时新增的"首违不罚":初次违法且危害后果轻微并及时改正的,行政主体可以不予处罚。这里"可以"代表一种裁量,"初违""轻微""及时"三条件缺一不可,反之可以施加处罚。这里值得探讨的要素是"及时"。"及时"的意思是违法行为实施后、非轻微危害后果发生前。如在这个时段内改正违法行为,有效阻止非轻微危害后果发生,行政机关对违法相对人可不追责,这里"及时"不限于"当场",可能与"限期(改正)"相联系。这里的"改正"除了自行改正外,也包括被责令改正之后的改正。

该段是结合新法条对裁量性复合式行政行为进行分析。

原文:

在通常情况下,按《行政处罚法》第二十八条第一款规定,对当事人处罚时,一定要责令(限期)改正。如果"首违"后,危害后果轻微,但在被责令改正后没有"及时"改正违法行为或状态,那这里的处罚依然可能作出,而这里的处罚作出前仍有责令(限期)改正行为的存在。从实际可能性来看,这里的责令改正与行政处罚的作出都存在或然性的情况,但一旦两者同时都需作出则构成了裁量性复合的情况,其他两种情况(即自行改正后的不责令且不处罚、责令改正后的不处罚)都属于单一式的行为态势。因此,这里的裁量性复合式行政行为实际上是一种特例表现。但毫无疑问,如果单单质疑"责令改正"的合法性或追究其责任,就显得意义不大甚至不可行,此时,两个行为被有机地"暗地"复合在一起,不能只谈其一。可以说，裁量性复合式行政行为发生的可能性有限，需要具备的条件要求较高，属于非典型的暗示的复合式行政行为。

该段是对裁量性复合式行政行为的法理分析。

原文：

相比前一种偶发性的"暗合"，这种复合相对多见于法条，但也须具备相应条件才能成就。按《城乡规划法》第六十四条规定，未取得建设工程规划许可证或者未按建设工程规划许可证规定建设，由县级以上城乡规划主管部门责令停建；尚可采取改正措施消除对规划实施之影响的，限期改正，处建设工程造价5%以上10%以下的罚款；无法采取改正措施消除影响的，限期拆除，不能拆除的，没收实物或者违法收入，可以并处建设工程造价10%以下的罚款。可以看出，该法条存在多种情况的或然性，"责令停建+（责令）限期改正+罚款""责令停建+（责令）限期拆除""责令停建+没收（+罚款）"。这些情况之间的并列，反映了立法者面对不同情况时的立法倾向。

该段直接引入法条，分析附条件复合式行政行为。

原文：

但从实际的角度来看，责令停建与不同行为组合的首要前提在于当事人"未获批先建"或"违规建设"，随后再由行政机关根据违法状况的严重程度来决定处置行为方式的选择。有学者认为前置的"责令改正"行政行为和紧随其后实施的"罚款"行为存在复式法律行为结构：一层是行政命令行为，系意思行政行为，属于"管"的范畴，核心目的在"恢复"；另一层是行政处罚行为，属于实力行政行为，核心目的是"威慑"。在"责令停建+（责令）限期改正+罚款"这条规范的法律后果中，其复合表现为"双责令"+"一处罚"；在"责令停建+没收（+罚款）"中，其复合可能表现为"一责令"+"双处罚"。但无论如何"责令停建"都是必为之义务，相当于前述《行政处罚法》第二十八条中的"责令改正"，不属于法律责任的范畴，关于这一点的适用不同于"首违不罚"。

该段是对附条件复合式行政行为的模式与目的对比分析。

原文：

就完整的法律规范而言，作为惩罚性的法律后果不能单单只有作为命令的"责令停建"，否则就缺乏对严重违法性的惩处，难以达到一种实质上的法理平衡。这一点在"责令停建+（责令）限期拆除"这种或然情形之中，亦然如此。如果类比《土地管理法》第八十三条的规定，限期拆除应属于行政处罚决定，尤其是在目前"多规合一"的背景下，地方自然资源和规划管理部门经过党和国家机构改革成为同一部门，《土地管理法》与《城乡规划法》的适用主体归于同一。且这里的"限期改正"与"限期拆除"之间存在实施上的递进关系，也就是先行为无法达致目的才有后行为，亦可以看出两者在实施的力度上存在差异，虽然表面上两者均名为"限期"，隐含"责令"，但这属于"责令类"行为的不同定性问题。与前述"责令停建+

（责令）限期改正＋罚款""责令停建＋（责令）限期拆除"的适用关系相同。《安全生产法》第一百一十二条的法条逻辑也类似于此。这种多向度多档次复合的重点在于各种情形之间附条件的递进关系，而非单纯的并列关系。

该段是对附条件复合式行政行为的行为模式总结与"情势变更"的分析。

原文：

但它们与责令改正的复合出于相同的目的，都是为了在最契合"过罚相当"的原则下实现"罚"的目的，同时兼顾"管"，防止出现单纯的"以罚代管"。但对于有"以管代罚"规定是否就实现了维护行政管理秩序的目标，也值得商榷，如《公路安全保护条例》第六十条及第六十二条第一款规定的"责令改正"时的"可以处以罚款"和《中华人民共和国公路法》第六十四条规定的"责令停止施工"时的"可处以罚款"。对于这种情况的解读，其可能的解释有两种：一是对"可以"的使用过度扩大化，而其本应作"应当"理解；另一种就是将"责令改正"理解为可作为法律责任的行为方式。

该段是对附条件复合式行政行为的理论总结和分析原因。

原文：

这种"非复合"的单一适用，实际上是源于立法者对法条逻辑结构的误解，"已管不罚"无论对"行为模式＋法律后果"的两段式理解还是对"假定＋处理＋制裁"的三段论法条逻辑理解模式，都不是可接受的最佳选择，法律的遵守与"善治"不能过多指望自律或"不长牙齿"的法条说教来实现，否则这种法条或法律本身就难言"良法"。而这里的"罚款"不同于"责令改正"或"责令停建"的关键点就在于其处分性，处分性影响了被处罚者的利益，使其承受了法律的强制功能，同时兼顾了法的评价功能。而这与"惩罚与教育相结合"的原则也无矛盾，毕竟，该原则主张的实质也是"（惩）（教）两条腿走路"，而非片面的"单兵突进"。

该段是对附条件复合式行政行为的法理分析。

二、正文写作总结

以上是笔者结合自己发表的论文对正文写作方法的具体剖析，这些论文既有以揭示和解释某种法律现象的理论性论文，也有以解决实践中某个法律问题为目的的实践性论文，不同性质的论文在写作方法上也存在不同程度的差别，但是其共同点就在于"说理性"。常言道，"文载道，诗言志，歌咏怀"，法学类的论文也应当以"讲道理"为本质特征，也唯有如此，才能够实现其存在价值。最后，笔者认为，阅读、写作是一体两面的过程，所谓"读而优则写"，阅读为写作打下基础，而写作则是体系化阅读和升华阅读的结果。因此，在研究过程中，既要高度重视阅读，也应经常动手写作，防止"手生"，二者兼顾，才能写出"代表作"。

第五章

论文投稿

　　论文完成之后的下一步就是投稿。思想只有形成文字才具有意义，文字只有发表才能获得生命。一篇学术论文不同于私人笔记或感想，它承担着传承与发扬人类知识的重任，因此其意义有无、创新与否、价值多少都只有发表才能得到衡量与评价，而投稿正是发表的前提。尤其是在"不发表，就出局"①的当下，投稿对于一篇论文的意义更是尤为重要，可以说，如果一篇论文不能成功投稿继而发表，那么这篇文章就只能被作者孤芳自赏，而不能成为延续人类知识中的一环。基于此，本章就论文投稿中应当注意的事项展开论述，以促成佳作共享。

一、投稿要有规范性

　　所谓投稿的规范性，是指投稿的形式应当符合学术规定。2022 年 12 月 30 日，国家市场监督管理总局和国家标准化管理委员会正式发布《学术论文编写规则》，于 2023 年 7 月 1 日正式实施。《学术论文编写规则》中对论文的引用、组成部分和编排格式都作出了详细规定，是当下我国评价学术论文规范与否的标准。另外，2020 年出版的由我国多家法学权威期刊、出版社和法律数据库等联合制定的《法学引注手册》②一书对法学论文的引注作出了全面和权威的规定，对于法学论文的引注格式具有重要的指引作用。除了基本格式之外，投稿的规范性还体现在如下方面。

（一）高度重视文献对于投稿的重要性

1. 重视最新文献的引用

前已述及，论文的最终目的在于产生知识增量，从而服务人类自身和社会发展

---

① 李连江：《不发表，就出局》，中国政法大学出版社 2016 年版，第 1 页。
② 参见法学引注手册编写组：《法学引注手册》，北京大学出版社 2020 年版。

的需要。这就要求一篇学术论文应当至少满足最低程度的"创新性"。而评价一篇学术论文是否具有创新性,其中一个核心标准就是看是否引用了这一主题的最新文献。如果缺乏这些文献,那就说明文献综述部分存在重大漏洞,成为本文的"硬伤",直接影响本文的价值,因而也就不易被发表。在投稿阶段,仍需高度重视近三年的相关文献,如果缺乏这些文献就直接投稿,那么很容易因被编辑认为缺乏对该主题最新发展的了解而直接拒稿。

2. 文献引用符合"比例原则"

所谓文献引用的"比例原则"是指在引用文献时应当适当,避免过度,既不能一个文献都没有,也不能整篇都是引用或一句一注。首先,在引用原文上,应节制使用原文引用,如无必要,不大段引用原文,同时也应避免一句多注或者连续一句一注。① 其次,在引用目的上,论文所引文献应为论证服务。前已述及,论证是否充分、符合逻辑是评价一篇论文质量的决定性标准。一篇论文的其他组成部分都是也应当是围绕论证而展开。因此,在文献引用时,"同一问题有多种相关文献的,优先引用与论证关系最密切的文献"②。最后,在引用的权威性上,当同一所引内容有多种文献来源的,应选择权威文献,其中,纸质版的优于电子文献,原初文献优于转载文献,修订版本文献优于先前版本文献,如先前版本与论证主题更紧密则除外。③

3. 确保文献引用的精准性

在引用文献时,应确保引用文献的精准性,这既是尊重前人研究成果的应然要求,也是遵守学术规范的基本操守,还是保证一篇论文质量的最低要求。首先,在引用时应当保证文献的真实性。这就要求研究者在引用时应当核对所引文献,尤其是在引用二手或多手文献时应当尽可能地找到原初文献进行检查和校对,如因各种原因无法找到原初文献,应当在引用时标明,从而避免出现"错注"或"伪注"。其次,应当保证文献的准确性。无论是纸质文献或电子文献,在引用时都应当确保其各项信息的准确性。如在引用书籍类文献时,应当确保引用内容与书籍版权页的内容保持一致。最后,应当保证引用文献的客观性。基于当下知识的生产和传播方式,在论文中引用他人的观点已经是必不可少的组成部分。此时引用文献的客观性就要求对于他人观点应当全面、客观的引述,不能以偏概全,也不能任意裁剪。

4. 其他特殊的引用

在论文写作中,除引用常见的文献类型如论文、专著等之外,有时还需引用网

---

① 参见法学引注手册编写组:《法学引注手册》,北京大学出版社 2020 年版,第 5 页。
② 参见法学引注手册编写组:《法学引注手册》,北京大学出版社 2020 年版,第 5 页。
③ 参见法学引注手册编写组:《法学引注手册》,北京大学出版社 2020 年版,第 6 页。

络、学位论文、法律规范、裁判案例等类型的文献。在引用这些文献时也应当注意引用的规范性。如在引用网络文献时,应当标明基本信息,并确保这些信息的完整性和准确性;对于学位论文,已经公开发表的无需征得作者同意,但需要标明论文的基本信息,如作者单位、时间和授予学位的年份等;对于法律规范,在引用时应当省略得当,不引人误解。对于裁判案例而言,应当确保引用来源的权威性和准确性。①

(二)论文的其他部分

一篇论文主要由标题、摘要、关键词、正文和结论组成。标题部分在选题时已有论述,在此不赘,其他部分,分述如下。

1. 摘要和关键词

摘要,也称"内容提要",是一篇学术论文的基本组成部分,其内容是对一篇论文的核心内容的高度概括和归纳。编辑或读者在拿到一篇论文后,往往首先阅读摘要部分,然后再决定是否有必要阅读全文。因此,摘要的可读性、完整性与严谨性对于一篇论文而言尤为重要。美国学者韦恩·C.布斯等在《研究是一门艺术:撰写学位论文、调查报告、学术著作的权威指南》一书中认为摘要的基本功能是"告诉读者他们将会在一篇论文、文章或报告中获得什么"。在本书中,作者认为摘要的写法有三种模式,分别为:(1)语境+问题+主要论点;(2)语境+问题+展开式论点;(3)总结。② 这三种模式基本包含了各种研究领域的摘要写作模式,可以为我们提供参考。就法学论文而言,从目前学界的写作惯例来看,摘要的内容大致由以下几部分组成:(1)研究背景;(2)问题焦点;(3)研究方法;(4)主要观点。

关键词是由几个能够代表论文核心问题的词语组成的,其目的在于方便同行检索。因此,在具体选择时,一方面,应当实事求是,严格以论文的基本内容为准据;另一方面,既不使用过分特别、其他研究者难以想到的语词,也不使用过分普通、没有识别度的语词③。

2. 引言或问题的提出

学术论文一般有引言或问题的提出。引言或问题的提出的内容通常包含研究的背景、目的、理由、预期结果及其意义和价值。引言或问题的提出的编写宜做到:切合主题,言简意赅,突出重点、创新点,客观评介前人的研究,如实介绍作者自己的成果。

---

① 引用这些类型文献的具体格式可参见法学引注手册编写组:《法学引注手册》,北京大学出版社 2020 年版,第 36—38、42—47 页。

② [美]韦恩·C.布斯等:《研究是一门艺术:撰写学位论文、调查报告、学术著作的权威指南》,何卫宁译,新华出版社 2021 年版,第 194—195 页。

③ 法学引注手册编写组:《法学引注手册》,北京大学出版社 2020 年版,第 18—19 页。

3.正文

正文部分是论文的核心,占论文的主要篇幅,论文的论点、论据和论证均在此部分阐述或展示。正文部分应完整描述研究工作的理论、方法、假设等,或者涉及的研究对象等,以便于本专业领域的读者可依据这些描述重复研究过程;应详细陈述研究工作的过程、步骤及结果,提供必要的插图、表格、数据资料等信息,并对其进行适当的说明和讨论主体部分的结构,一般由具有逻辑关系的多章构成,如理论分析、材料与方法、结果和讨论等内容,均宜独立成章。

4.结论

结论是对研究结果和论点的提炼与概括,不是摘要或主体部分中各章、节小结的简单重复,宜做到客观、准确、精练、完整。结论应编章编号。当然,如果推导不出结论,也可没有"结论"而写作"结束语",进行必要的讨论,在讨论中提出建议或待研究解决的问题。

二、投稿要有针对性和时效性

(一)投稿的针对性

投稿的针对性要求研究者在投稿之前应当对期刊的自身定位、重点选题方向与发文风格有所掌握,在此基础上根据所写论文的性质来选择合适的期刊进行投稿。以笔者为例,笔者在投稿之时一般都会选择与论文本身较为契合的期刊进行投稿,如表5-1所示:

表5-1　在投稿前有选择考量收稿期刊后"投发"的部分论文

序号	论文	发表期刊
1	《海事"责令类"行为定性的规范审视》	《中国海商法研究》
2	《我国地方政府疫情防控行为的合法性风险反思——以地方"授权决定"为切入点》	《北京行政学院学报》
3	《党内立规主体的设置及其放权配给》	《广西社会科学》
4	《习近平法治思想中的社会治理法及其原则构建》	《海南大学学报(人文社会科学版)》
5	《重大行政决策类规范性文件合法性审查研究》	《北京行政学院学报》
6	《党内立规主体的设置及其放权配给》	《广西社会科学》
7	《论〈监察法〉中的"有关人员"——基于党和国家监督体系的统合需求》	《行政法学研究》

以《行政法学研究》为例,该期刊 2024 年的重点选题如图 5-1 所示,由此可见其理论与实践并重的风格。

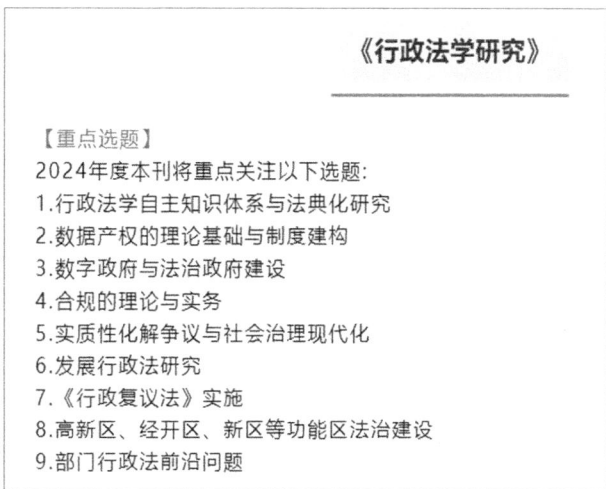

《行政法学研究》

【重点选题】
2024年度本刊将重点关注以下选题:
1. 行政法学自主知识体系与法典化研究
2. 数据产权的理论基础与制度建构
3. 数字政府与法治政府建设
4. 合规的理论与实务
5. 实质性化解争议与社会治理现代化
6. 发展行政法研究
7. 《行政复议法》实施
8. 高新区、经开区、新区等功能区法治建设
9. 部门行政法前沿问题

图 5-1　《行政法学研究》2024 年重点选题

(二)投稿的时效性

投稿的时效性要求作者应重点关注当下的热点问题,如"习近平法治思想""中国式现代化""法典化立法""数据立法""人工智能"等。这一类热点问题因为具有鲜明的时代性,所以相对而言更容易获得期刊的青睐。以"习近平法治思想"为例,自其在 2020 年 11 月 16 日至 17 日召开的中央全面依法治国工作会议上被正式提出并确立为全面依法治国的指导思想后,学界迅速掀起了学习和研究"习近平法治思想"的热潮,在此期间,围绕这一主题,笔者也发表了系列论文,具体如表 5-2 所示。

表 5-2　作者发表的有关"习近平法治思想"研究论题的部分文章

序号	论文	发表期刊	发表时间
1	《习近平法治思想逻辑体系研究》	《学习论坛》	2021-01-15
2	《论习近平法治思想中的依宪治国》	《广西社会科学》	2021-01-18
3	《习近平法治思想对社会信用体系的理论支撑及指引》	《河南财经政法大学学报》	2021-05-05
4	《习近平法治思想中的依规治党理念》	《南海学刊》	2021-06-28

续表 5-2

序号	论文	发表期刊	发表时间
5	《习近平法治思想中的建设中国特色社会主义法治体系——以〈法治中国建设规划(2020—2025年)〉为切入》	《求是学刊》	2021-07-15
6	《习近平法治思想中"坚持依宪治国、依宪执政"的内涵、外延与落实》	《福建江夏学院学报》	2021-08-20
7	《论习近平法治思想中的法治社会建设理论》	《法治社会》	2021-09-15
8	《习近平法治思想中的社会治理法及其原则构建》	《海南大学学报(人文社会科学版)》	2022-02-16
9	《习近平法治思想中立法理论的立场指向与思路》	《河南财经政法大学学报》	2022-05-05
10	《习近平法治思想中的宪法高质量发展理论研究》	《学习论坛》	2023-03-15
11	习近平法治思想的"治论"理念解读	《求是学刊》	2023-05-15

三、投稿的其他要求

首先,投稿应保持持续性。投稿是伴随学者研究生涯的一项工作,因此,需要高度重视,但是也不能"执念"过重。没有人一开始就是"常胜将军",即便是学术"大咖",如果没有约稿机制,也不一定就能保证百分之百的"胜率"。投稿的过程是一个人从年轻走向成熟的过程。因此,对于学者而言,保持投稿的持续性非常重要。

其次,投稿应保持宽泛性。投稿有时也是为了证明自己"还可以",所以对于有些稿件,不必过分限制自己的投稿范围,要"广泛撒网",经历一段过程后再"重点捕鱼"。因此,不应丧失任何一次"应得"的机会,"顺应时势","倒逼自己多写",尤其对于来自各种刊物的约稿——对于普通刊物的约稿也要重视,这是投稿领域的"为人处世",不得不察。

最后,收到审稿意见后应当及时回复。有些审稿意见相对简单,或主要涉及对形式及个别事项的简单更正,可以从快。有些审稿意见较为全面、复杂,外审专家质疑较多,对这类意见,要多从系统思维出发,进行全面修改。

以《权责统一:责任型法治政府建设的基本思路》①为例,该文的审稿意见为:"作为责任政府的一个核心要义,'权责一致'或'权责统一'的研究在我国学界已有近 20 年时间,然而总体上仍缺乏对其基础理论的系统研究。本文试图对此原则的基础理论展开法理分析,无疑具有明显的理论价值和现实意义。文章核心观点明确,总体结构合理,表述较为流畅,参考文献引用规范。但是,也存在个别表述或观点值得进一步思考:1.'责任型法治'并非学界通说,但文章并未对其基本含义做出必要解释,使得文章的逻辑前提存在问题。而从学术严谨性和文章可能的受关注度的角度,建议将文章题目改为'权责统一:责任型法治政府建设的基本思路'。2. 文章指出'腐败(Corruption) = 垄断(Monopoly) + 自由裁量权(Discretion) − 责任(Accountability)'的公式,这恰好说明了作为权力代表的垄断与自由裁量权有时与责任呈现明显的反比例关系。这个公式更多的是说明腐败与责任的关系,似乎无法从该公式推导出垄断、自由裁量与责任之间的反比关系。请作者再斟酌。3. 文章在研究'权责统一'在中国的制度表现时,指出'权责统一'的思想虽然滥觞于西方,但在中国,依然也可以找到其制度的现实版本,并且可以追溯到古代。但是文章忽视了中国先秦时期主要学派(尤其是法家)对于权责一致的理论表达及其制度建构。建议作者补充论证。"

通过对该审稿意见的全面遵行,该文得到了进一步的提升,由此也看出审稿专家对该文的重视和其所提意见的针对性与审稿眼光的老到。

另以《党政合署办公后决策责任的定位与适用》②一文为例,该文一共两个审稿意见。

审稿意见一为:"从修改后的版本来看,相较之前两次修改,作者有在一定程度上吸收此前审稿意见,将研究对象进一步细化,也将责任形式等关键词予以区分,行文上也有所进步。但文章还存在以下问题:(1)文章一(一)部分花了大篇幅讲党政合署办公的实践,且作者最后所导出的结论更像是对合署办公存在正当性的一种证成。但从作者本文的目的以及后文的内容来看,该部分更恰当的做法应当是对党政合署办公这一形式作出定性,以作为探讨决策机制、决策责任等的前提。此外,关于党政合署办公的研究成果很多,但作者的引用文献显然较为浅显。建议作者对这一部分作出必要补充。(2)民主集中制确实是实现党的组织与国家政权机关联结的一大基本原则,也是进行决策的基本原则,作者在一(二)仅是就民主集中制在两套不同的权力系统中的运用进行区分,且在论述中存在着一定的

---

① 参见谭波:《权责统一:责任型法治政府建设的基本思路》,《西北大学学报(哲学社会科学版)》2020 年第 4 期,第 168—178 页。

② 参见谭波:《党政合署办公后决策责任的定位与适用》,《党内法规理论研究》2021 年第 2 期,第 91—109 页。

繁杂。从作者的标题来看,该部分所欲解决的问题乃是决策机制的定位问题,但从作者的论述来看,更像是一种梳理而非解决问题,其主要还是在于作者未在上一个二级标题中对合署办公作出定性所致。建议作者或打碎文章的框架,重新组合并深入探讨,或修改此处的标题,并简练论述。(3)关于第二个一级标题,作者所欲解决的问题乃是在合署办公后,一套班子之下,如何进行责任区分。那么,该部分立论所需要具备的前提应是在于合署办公之后,决策制度如何发生变化,领导班子身兼两重身份的情况下,在面对不同的事项时,如何区分决策方式,进而如何确定决策责任。但作者在该部分仅是就责任而论责任,缺乏对基础性问题的理清。建议做必要补充。(4)文章第三个一级标题是从更为微观的层面来讨论决策责任的适用问题,此部分更为直接涉及党内法规与国家法律的衔接协调问题,建议作者在确定是否属于规范空白之前,先行穷尽相关党内法规及国家法律。(5)作者行文中存在一定的用语不规范的问题,如第1页的'党的检查机关',第11页中的'《中国共产党党纪处分条例》'等,建议对全文的规范表达作出必要订正。"

审稿意见二为:"文章存在逻辑性、规范性和创新性三个方面的问题,希望作者能够作出必要的针对性修改。第一,逻辑性。文章在逻辑大框架上存在着文不对题,问题意识不够聚焦的缺陷。首先以文章标题'党和国家机构改革后集体讨论决定责任定位与适用'提取中心词,本文应该聚焦的是党和国家机构改革中具有重大意义的措施,从文章内容来看,本文似乎更为关注党政合署办公在内的改革措施,那么文章的标题应对应问题讨论的背景。在明确背景的前提下,讨论党和国家机关机构设置、领导体制、决策形式以及责任承担等情形发生的变化,以及与之影响到的集体讨论决定责任在定位和适用上发生的变动。其次,文章对党和国家机构改革措施、不同责任形式之间的区分等文章中应该厘清的基础性事实缺少整理介绍,导致后文之衔接不够顺畅。并且文章后半段集中在如何完善集体讨论决定责任减免规则上,有偏离主题之嫌。最后文章在段落的前后顺序安排与衔接方面仍存在不足,比如先讨论决策责任,之后再进行决策责任与集体讨论决定责任概念辩析,在文章的结构顺序上出现了断裂感。第二,规范性。文章在语言的规范性上仍有待提高,部分用词过于武断和绝对。其次,文章整体上存在着过于冗长杂糅的瑕疵,第一、二部分可以尝试精简文风,对于'权名责'的变与不变、民主集中制与决策机制的介绍的篇幅可以适当删减,并进行归纳总结分类。同时作者应凝练语言,使表达更加准确化,突出文章的重点。第三,创新性。文章的创新点不够突出,大量篇幅被用于引用党内法规以及中央文件进行事实描述。在论点论证、推理结构中,没有厘清事实描述、分析推理、得出结论与提出对策之间的逻辑关系,在部分段落中缺少分析推理过程直接推导出了结论。比如使用诸如'我们可以看出''我们可以类比'等语句,但没有对如何分析得出的结论和为什么进行此类类比给出充分理由,从整体上看缺乏创新意识。文章的第三部分试图在厘清集体讨论决定责任的定位与界分后,提出对集体讨论责任减免规则的改进措施,但论述浅尝辄止,对于如何细化时间上和程度上的责任规定没有开展深入讨论,因此文章在提出解决措施部分的建议大多流于表面,缺乏实际案例佐证,未能解决实际上的问题,也缺乏实践可操作性。文章主题是有价值、有意义的,但是论证过程却不如人意,建议作者对文章作出较大修改后再审。"

从上述两个审稿专家所提的意见就可以看出,审稿专家工作的专业性非常明显,审稿意见一涵盖了宏观、中观和微观等各个方面需要改正的地方,而审稿意见二更加凸显了审稿专家在系统总结文章不足方面的能力,其高度概括的能力已经使文章下一步的修改变得更加明确,具有方向感。

概括而言,核心期刊的审稿意见主要集中为五个方面:第一,对观点的商榷;第二,一些概念的进一步区分;第三,对标题的认真审视;第四,个别部分论证的欠缺;第五,文章语言的简洁和凝练程度。

总之,作为论文发表前的最后一步,投稿既是专业性、技巧性极强的工作,又是厚积薄发、强化自信的经历,同时更是总结经验、武装自我的过程。因此,在这一阶段,研究者尚不能掉以轻心,仍需高度重视其中的每一个细节,从而实现一篇文章从开始选题到成功发表的闭环。

附录一 《海南大学研究生学位论文撰写规范(修订)》

海南大学研究生学位论文撰写规范
（修订）

　　研究生学位论文是研究生学习成果、科学研究、实践锻炼等过程的全面总结，是描述研究成果、反映研究水平、记录学习成果的重要学术文献资料，是申请和授予相应学位的基本依据和核心条件。

　　为了进一步规范研究生学位论文撰写，提高研究生培养质量，根据《学位论文编写规则》（GB/T 7713.1-2006）、《信息与文献　参考文献著录规则》（GB／T7714-2015）等国家标准，对原《海南大学研究生学位论文格式规范》（海大〔2014〕97 号）进行修订。

　　本规范适用于硕士、博士学位论文撰写。各学科专业如对研究生学位论文撰写有其他特殊要求，参照本规范格式制定本学科专业领域论文撰写规范，报研究生院备案。本规范涉及的各种标准或政策文件以最新发布的为准。

1. 论文主要结构和排列顺序

　　学位论文一般由十三个部分组成，排列顺序为：

1.1 封面

　　封面是学位论文的外表面，对论文起装潢和保护作用，并提供相关的信息。博士学位论文、硕士学位论文使用不同封面。

　　学校代码：10589。

　　分类号：根据论文中主题内容，对照分类法选取中图分类号、学科分类号、国际十字分类号（UDC），著录在左上角。

　　学号：研究生学号。

　　密级：非涉密（公开）论文不需标注密级，涉密论文须标注论文密级，同时还应注明相应的保密年限。涉密学位论文的相关要求参照《海南大学涉密研究生与涉密学位论文管理实施细则（试行）》（海大党政办〔2022〕26 号）执行。

论文题目：应简明扼要地概括和反映出论文核心内容，一般不宜超过 20 字，必要时可加副标题。

作者姓名：填写论文作者姓名。

导师姓名：填写导师的姓名、职称（教授、研究员等）

学科专业：以《研究生教育学科专业目录（2022 年）》，或以最新研究生教育学科专业目录为准。

培养院系：填写论文作者所属院（系）全名。

完成时间：填写论文成文打印日期。

1.2 英文封面

按照中文封面格式在封面相应位置填写英文名称，包含申请学位名称、论文题目、作者姓名、导师姓名、学科专业、培养院系以及论文提交时间等用英文表示的内容。

1.3 学位论文原创性声明和使用授权说明

本部分内容属于固定格式内容，提交时学位论文作者须亲笔签名。

1.4 中文摘要

摘要内容包括摘要正文和关键词两部分内容。

摘要：是学位论文内容的简短陈述，应体现论文工作的核心思想，应概括地反映出本论文的主要内容，具有独立性和自创性，包括研究工作目的、方法、结果和结论，要突出本论文的创造性成果。摘要力求语言精炼准确，硕士学位论文建议 1000 字以内，博士学位论文建议 2000 字以内。部分学生用外文撰写学位论文时，硕士学位论文的摘要应不少于 1500 字符，博士学位论文的摘要应不少于 3000 字符。摘要中不应出现图片、图表、表格、引用或其他插图材料。

关键词：为了便于做文献索引和检索工作而从论文中选取出来

用以表示全文主题内容信息的单词或术语。关键词应体现论文特色，具有语义性，在论文中有明确的出处，并应尽量采用《汉语主题词表》或各专业主题词表提供的规范词。在摘要正文下方另起一行标明，一般 3~8 个，之间用"；"分开。

1.5ABSTRACT（英文摘要）

为了国际学术交流和论文检索的需要，论文须有英文摘要。英文摘要的内容及关键词（Key Words）应与中文摘要及关键词一致，要符合英语语法，语句通顺，文字流畅。

1.6 目录

目录按章、节、条序号和标题编写，一般为二级或三级，目录应包括绪论（或引言）、论文主体部分、结论、参考文献、附录、致谢等。

1.7 图表清单及主要符号表（如有必要时）

如论文中图表较多，可分别列出清单置于目录之后。图的清单应有序号、图题和页码。表的清单应有序号、表题和页码。

全文中常用的符号、标志、缩略词、首字母缩写、计量单位、名词、术语等的注释说明，如需汇集，可集中在图和表清单后的主要符号表中列出，符号表排列顺序按英文及其它相关文字顺序排出。

1.8 主体部分

正文是学位论文的主体和核心部分，一般应包括：引言（或序言、绪论）、正文、结论等部分。每一章一级标题应另起页。

1.8.1 引言

论文正文开始部分（或序言），是论文主体的开端。引言的内容应简要说明研究工作的目的、范围、相关领域的前人工作和知识空白、理论基础、研究设想、研究方法和实验设计、预期结果和意义等。

学位论文为了反映出作者确已掌握了坚实的基础理论和系统的专门知识，具有开阔的科学视野，对研究方案作了充分论证，有关历史回顾和前人工作的综述分析，以及理论分析等，可以单独成章，用足够的文字叙述。

1.8.2 正文

论文正文是学位论文的核心部分。正文应该结构合理，层次分明，推理严密，重点突出，图表、参考文献规范，内容集中简练，文笔通顺流畅。

由于研究工作涉及的学科、选题、研究方法、工作进程、结果表达方式的不同，正文可以包括以下相关内容：

本研究内容的总体方案设计与选择论证；

本研究内容各部分（包括硬件与软件）的设计计算；

研究内容试验方案设计的可行性、有效性以及试验数据处理及分析；

本研究内容的理论分析。对本研究内容及成果应进行较全面、客观的理论阐述，应着重指出本研究内容中的创新、改进与实际应用之处。理论分析中，应将他人研究成果单独书写，并注明出处，不得将其与本人提出的理论分析混淆在一起。对于将其他领域的理论、结果引用到本研究领域者，应说明该理论的出处，并论述引用的可行性与有效性。

人文社会学科论文应包括对研究问题的论述及系统分析，比较研究，模型或方案设计，案例论证或实证分析，模型运行的结果分析或建议、改进措施等。

自然科学论文应推理正确，结论清晰，无科学性错误。

1.8.3 结论

论文正文结束部分(或相关结论建议)是学位论文最终和总体的结论,不是正文中各段小结的简单重复,应明确、精练、完整、准确。着重阐述作者的创造性工作及所取得的研究成果在本学术领域的地位、作用和意义,结论应包括论文的核心观点或研究工作的局限,对其应用前景和社会、经济价值等加以预测和评价。

1.9 注释(如有必要时)

当论文中的字、词或短语,需要进一步加以说明,而又没有具体的文献来源时,用注释。注释一般在社会科学中用得较多。应控制论文中的注释数量,不宜过多。由于论文篇幅较长,建议采用文中编号加"脚注"的方式。

注释的具体用法参见《学位论文编写规则》(GB/T 7713.1-2006)。

1.10 参考文献

参考文献部分是文中引用的有具体文字来源的文献集合。为了反映论文的科学依据和作者尊重他人研究成果的严肃态度以及向读者提供有关信息的出处,应列出参考文献。参考文献部分中列出的一般应限于作者直接阅读过的、发表在正式出版物上的文献。未公开发表的资料,一般不宜列入参考文献,可紧跟在引用的内容之后在文中编号,用"脚注"的方式标注在当页的下方。

参考文献一般分为引文型参考文献和阅读型参考文献。引文型参考文献引用其他文献资料中的原文,引用内容用双引号标识,既可以集中著录在论文主体文后,也可以分散著录在页下端。阅读型参考文献著录一般标注在论文主体文后。

1.11 附录（如有必要时）

有些材料编入论文主体会有损于编排的条理性和逻辑性，或有碍于论文结构的紧凑和突出主题思想等，可将这些材料作为附录编排于全文的末尾。

附录的编号用 A，B，C…系列，如附录 A，附录 B…。附录中的公式、图和表的编号分别用 A1，A2…系列；图 A1，图 A2…系列；表 A1，表 A2…系列。

每个附录应有标题。附录编号、附录标题各占一行，置于附录条文之上居中位置。每一个附录应另起一面，以后各个附录通常另起一面，如果有多个较短的附录，也可接排。

1.12 攻读博士/硕士学位期间取得的成果（如有必要时）

攻读博士/硕士学位期间取得的研究成果一般应包含申请学位所需的科研成果，包括发表（含录用、已投稿、拟投稿）的与学位论文相关的学术论文、发明专利、著作、科研项目、获奖奖项等。

1.13 致谢

致谢中主要感谢指导教师和在学术方面对学位论文的完成有直接贡献及重要帮助的团体和人士，以及感谢给予转载和引用权的资料、图片、文献、研究思想和设想的所有者。致谢中还可以感谢提供研究经费、研究协助及实验装置的基金会或企业等单位和人士。致谢辞应谦虚诚恳，内容简洁明了、实事求是。

2. 论文书写规范

2.1 论文的文字、名词术语及书写规则

2.1.1 论文文字

硕士学位论文字数一般不少于 3 万字（专业学位论文等特殊类别按相关规定执行），博士学位论文字数不少于 5 万字。除国

际学生(研究生)、外语专业研究生、中外合作办学项目研究生外,学位论文一律用汉字书写。汉字的使用应严格执行国家的有关规定。除特殊需要外,不得使用已废除的繁体字、异体字等不规范汉字。留学生的学位论文所采用语种可以和导师商定,但论文封面须用中文。

2.1.2 名词术语

论文使用的名词术语以在正文中第一次出现的术语为准,可以简写。科技名词术语及设备、元件的名称,应采用国家标准或部颁标准中规定的术语或名称。标准中未规定的术语要采用行业通用术语或名称。全文名词术语必须统一。一些特殊名词或新名词应在适当位置加以说明或注解。

采用英语缩写词时,除本行业广泛应用的通用缩写词外,文中第一次出现的缩写词应该用括号注明英文全文。

2.1.3 书写规则

标点符号用法以《标点符号用法》(GB/T15834-2011)为准。

数字用法以《出版物上数字用法》(GB/T15835-2011)为准。

单位用法以《国际单位制及其应用》(GB3100-93)、《有关量、单位和符号的一般原则》(GB 3101-93)和GB3102.1-3102.13中的系列标准为准。

其他需要明确书写规则的,参照国家标准,如没有国家标准,参照通行行业标准。

2.2 标题层次

层次标题要简短明确。各层次标题一律用阿拉伯数字连续编号;不同层次的数字之间用英文输入状态下小圆点"."相隔,末位数字后面不加点号,如"1","2.1","3.1.2"等;各层次的序号均左顶格起排,编号与标题或文字间空一个汉字的间隙。

段的文字空两个汉字起排，回行时顶格排。

2.3 页眉与页码

页眉标注从论文主体部分（绪论、正文、结论）开始。页眉分奇、偶页标注，其中奇数页的页眉为　海南大学博士/硕士学位论文　；偶数页的页眉为一级标题，即每一章的标题，如：1.××××××××××。

中文摘要、ABSTRACT、目录等页面页码用大写罗马数字（Ⅰ，Ⅱ，Ⅲ……）单独编排，均居中排列。从论文主体部分开始按阿拉伯数字（1，2，3……）连续编排页码，直至"参考文献、附录、攻读学位期间取得的研究成果、致谢"结束。

2.4 有关图、表、表达式

2.4.1 图

图包括曲线图、构造图、示意图、框图、流程图、记录图、地图、照片等。图要精选，要具有自明性，切忌与表及文字表述重复。图要清楚，但坐标比例不要过分放大，同一图上不同曲线的点要分别用不同形状的标识符标出。图中的术语、符号、单位等应与正文表述中所用一致。图在文中的布局要合理，一般随文编排，先见文字后见图。

图序与图题：图序一律采用阿拉伯数字分章编号，第3章第2个图的图序为"图3.2"；图题应简明。图序和图题间空1个汉字距，如：图3.2　××××××××××，居中排于图的下方。

照片图要求主题和主要显示部分的轮廓鲜朗，要标明出处。如用放大缩小的复制品，必须清晰，反差适中。

曲线图的纵横坐标必须标注"量、标准规定符号、单位"。

插图应符合国家标准及专业标准。如机械制图严格按照《机械制图 尺寸注法》（GB/T 4458.4-2003）标准规定。对无规定符号的图形应采用该行业的常用画法。

特别需要注意的是,**地图是国家版图最主要的表现形式,反映国家的主权范围,具有严肃的政治性、严密的科学性和严格的法定性。地图选用要遵守相关法律法规规定。**

2.4.2 表

表中参数应标明量和单位的符号。表一般随文排,先见相应文字后见表。

表序与表题:表序一律采用阿拉伯数字分章编号,如第 3 章第 1 个表的表序表示为"表 3.1";表题应简明。表序和表题间空 1 个汉字距,如:表 3.1 ××××××××××,居中排于表的上方。表的编排建议采用国际通行的三线表。表格较大,需要转页排时,需在续表上方居中注明"续表",续表的表题应重复排出。

表 3.1 表标题

××××××	××××××××××××
××××××	××××××××××
××××××	××××××××××
××××××	××××××××××××

2.4.3 表达式

表达式主要指数学表达式,如数学公式,也包括文字表达式,如思维导图。表达式需另行起排,并用阿拉伯数字分章编号。序号加圆括号,右顶格排。例如:第 3 章第 2 个表达式,标注为 3.2。

2.5 参考文献著录格式

2.5.1 参考文献著录方式

参考文献应按文中引用出现的顺序排列。引文型参考文献须

用上标标注[参考文献序号]。参考文献标注方式应全文统一，标注
的格式为[序号]，放在引文或转述观点的最后一个句号之前，所引
文献序号用 Times New Roman 体、以上标形式置于方括号中，如：
"××××××××××××××××××××[1]"。当提及的参
考文献为文中直接说明时，其序号应该与正文排齐，如"由文献
[8, 10-14]可知："。

参考文献著录应项目齐全、内容完整、顺序正确、标点无误。
参考文献的格式参照 GB／T7714-2015《信息与文献 参考文献著
录规则》编写。具体要求如下：

著录格式：参考文献的序号左顶格，并用数字加方括号表示，
如［1］，［2］，…。在参考文献中的标点符号都采用"半角标
点符号＋空格"形式。

排列顺序：根据正文中首次引用出现的先后次序递增，或者
按第一作者姓的英文字母或拼音字母的英文字母顺序递增，与正
文中的标注序号一致。

作者姓名：只有 3 位及以内作者的，其姓名全部列上，中外
作者一律姓前名后，外国人的名可用第一个字母的大写代替，如：
William E.(名) Johns（姓）在参考文献中应写为 Johns W.E.；有 3
以上作者的，只列前 3 位，其后加"，等"或"，et al."。

参考文献类型及标识：对各类参考文献应在题名后用方括号
加单字母方式加以标识，文献类型和文献载体类型及标识代码见
表 1、表 2。

著录格式其它说明：原本就缺少某一项时，可将该项连同与
其对应的标点符号一起略去；页码不可省略，起止页码间用"-"
相隔，不同的引用范围间用"，"相隔。

表 1 文献载体类型和标识代码

普通图书	M
会议录	C
汇编	G
报纸	N
期刊	J
学位论文	D
报告	R
标准	S
专利	P
数据库	DB
计算机程序	CP
电子公告	EB
档案	A
舆图	CM
数据集	DS
其他	Z

表 2 电子资源载体和标志代码

电子资源的载体类型	载体类型标识代码
磁带（magnetic tape）	MT
磁盘（disk）	DK
光盘（CD-ROM）	CD
联机网络（online）	OL

2.5.2 参考文献著录格式示例

[1]陈登原. 国史旧闻：第 1 卷[M]. 北京：中华书局，2000:29.

[2]哈里森，沃尔德伦.经济数学与金融数学[M].谢远涛，译. 北京：中国人民大学出版社，2012：235-236.

[3]陈建军，车建文，陈勇.具有频率和振型概率约束的工程结构动力优化设计[J].计算力学学报，2001，18（1）:74～80

[4]张全福，王里青."百家争鸣"与理工科学报编辑工作[G]. 见：郑福寿主编. 学报编辑论丛：第 2 集. 南京：河海大学出版社，1991：1-4.

[5]牛志明，斯温兰德，雷春光. 综合湿地管理国际研讨会论文集[C]. 北京：海洋出版社，2012.

[6]中国第一历史档案馆，辽宁省档案馆. 中国明朝档案总汇[A]. 桂林：广西师范大学出版社，2001.

[8]Smallwood D A. Advances in dynamical modeling and control of underwater robotic vehicles[D]. Baltimore, USA: Johns Hopkins University, 2003.

[9]宋健. 制造业与现代化[R]. 北京：人民大会堂，2002.

[10]Wenzhofer F, Knust R. Expedition programme PS108[R]. Bre-merhaven, Germany: Alfred Wegener Institute, 2017.

[11]国家技术监督局. GB 3100~3120—1993 量和单位[S]. 北京：中国标准出版社，1994.

[12]中华人民共和国国家质量监督检验检疫总局，中国国家标准化管理委员会. GB/T 7714—2005 文后参考文献著录规则[S]. 北京：中国标准出版社，2005.

[13]Dublin core metadata element set: version1.1[EB/OL]. (2012-06-14)[2014-06-11]. http://dublincore. org /documents/dces/.

[14]Gong Z Y, Cheng J H, Hu K N, et al. An inverse kinematics method of a soft robotic arm with three-dimensional locomotion for underwater manipulation[C]//IEEE International Conference on Soft Robotics. Piscataway, USA: IEEE, 2018: 516-521.

[15]Zhang J B, Wen K, Yue Y, et al. Research on key technologies for high-precision whole flexible machining of large-scale multi-supports cabin[C]//IEEE 10th International Conference on Mechanical and Aerospace Engineering. Piscataway, USA: IEEE. DOI: 10.1109/ICMAE.2019.8880959.

[16]常志鹏. 清洁高效燃煤技术离我们还有多远[N]. 科技日报, 2005-7-18(3).

[17]傅刚，赵成，李佳路.大风沙过后的思考[N/OL]. 北京青年报，2000-04-12(14)[2005-07-12]. http://www.bjyouth.htm.

[18]姜锡洲. 一种温热外敷药制备方案: 88105607.3[P]. 1989-07-26.

[19]MILLOR A L, KOTHLUSG J N. 机械密封装置的自适应控制系统: 中国, 1007835B[P]. 1990-05-02.

[20]Commonwealth Libraries Bureau of Library Development. Pennsylvania Department of Education Office. Pennsylvania library Laws[EB/OL]. [2013-03-24]. http://www. racc.edu/yo-cum/pdf/Palibrary Laws.pdf.

3. 论文外观形式、排版及印刷要求

3.1 纸张要求及页面设置

内　　容	要　　求
纸张	A4（21.0cm×29.7cm），幅面白色
页面设置	上边距 2.50cm、下边距 2.50cm，左边距 3.00cm、右 2.50cm，装订线 0 cm
页眉页脚	宋体五号字居中，页眉顶端距离 2.00cm，页脚底端距离 2.00cm，ABSTRACT 部分用 Times New Roman 体 10.5 磅
页码	前言、摘要、ABSTRACT 分别用大写罗马数字Ⅰ、Ⅱ、Ⅲ等标明页码，正文部分按照阿拉伯数字标明页码，奇数页页码居右，偶数页页码居左

3.2 封面

内　　容	要　　求
学校代码	楷体_GB2312 三号字

学号	楷体_GB2312 三号字
密级	楷体_GB2312 三号字
硕士(博士)学位论文	方正小标宋简体,段前段后 1.5 行,初号,加粗,居中,单倍行距
论文题目	楷体_GB2312 一号字加粗,居中,段落 1.5 倍行间距
作者姓名	楷体_GB2312 三号字
导师姓名	楷体_GB2312 三号字
学科专业	楷体_GB2312 三号字
培养院系	楷体_GB2312 三号字
年月日	楷体_GB2312 三号字

3.3 书脊

如论文厚度允许,可在书脊上方写论文题目,中间写研究生姓名,下方写"海南大学",距上下边界均为 3cm 左右。

3.4 英文封面

内　　容	要　　求
A Thesis(Dissertation) Submitted to Hainan University for the Degree of Master(Doctor)	Times New Roma 字体 22 磅加粗,居中,1.5 倍行间距
论文题目	Times New Roma 字体 20 磅加粗,居中,1.5 倍行距,论文题目中实词首字母大写
学位申请人	Times New Roma 字体 16 磅居中
导师姓名	Times New Roma 字体 16 磅居中
学科门类、专业名称(专业学位名称)	Times New Roma 字体 16 磅居中
培养院系	Times New Roma 字体 16 磅居中
完成时间	Times New Roma 字体 16 磅居中

3.5 原创性声明和学位论文版权使用授权说明

内　　容	要　　求
学位论文原创性声明和使用授权说明	方正小标宋简体 二号字 居中
原创性声明	宋体小四字,标题加黑 居中
学位论文版权使用授权说明	宋体小四字,标题加黑 居中
CALIS 声明	宋体小四字

3.6 中、英文摘要

	中文摘要	英文摘要
标题	黑体三号字居中，1.5 倍行距，段前 1.5 行，段后 1.5 行	Times New Roma 字体 20 磅居中，1.5 倍行距，段前 1.5 行，段后 1.5 行
摘要正文	宋体小四号字，1.5 倍行距，段前段后 0 行	Times New Roman 字体 16 磅，行距 20 磅，段前段后 0 磅
关键词	同上，"关键词"三字加粗	同上，"Key Words"两词加粗

3.7 目录

	示　例	要　求
标题	目录	黑体三号字，加粗居中，1.5 倍行距，段前 1.5 行，段后 1.5 行
前言、摘要、ABSTRACT		黑体四号字，罗马数字 Ⅰ、Ⅱ、Ⅲ等标明页码，1.5 倍行距，段前 0 行，段后 0 行，两端对齐，页码右对齐
一级节标题目录	1 绪论	黑体四号字，页码按照实际标注，1.5 倍行距，段前 0 行，段后 0 行，两端对齐，页码右对齐
二级节标题目录	1.1 1.2	宋体四号字，页码按照实际标注，1.5 倍行距，段前 0 行，段后 0 行，两端对齐，页码右对齐
参考文献、致谢、附录		黑体四号字，页码按照实际标注，1.5 倍行距，段前 0 行，段后 0 行，两端对齐，页码右对齐

3.8 正文

	示　例	要　求
一级标题	1　×××	黑体三号字居中，1.5 倍行距，段前 1.5 行，段后 1.5 行，章序号与章名间空一个汉字符，每章另起一页
二级标题	1.3　××××	黑体四号字顶左，1.5 倍行距，段前 1 行，段后 1 行，序号与题名间空一个汉字符
三级标题	1.3.1　×××	黑体小四号字顶左，1.5 倍行距，段前 1 行，段后 1 行，序号与题名间空一个汉字符
四级标题	1.3.1.1　×××	宋体小四号字顶左，1.5 倍行距，段前 1 行，段后 1 行，序号与题名间空一个汉字符
段落文字	×××××× ×××××××× ×××××× ×××	宋体小四号字（英文用 Times New Roman 体 12 磅），两端对齐书写，段落首行左缩进 2 个汉字符。1.5 倍行距（段落中有数学表达式时，可根据表达需要设置该段的行距），段前 0 行，段后 0 行。
图序、图名	图 2.1 ×××	置于图的下方，宋体五号字居中，1.5 倍行距，段前 0 行，段后 0 行，图序号与图名文字之间空一个汉字符宽度

| 表序、表名 | 表 3.1 ××× | 置于表的上方,宋体五号字居中,1.5 倍行距,段前 0 行,段后 0 行,表序号与表名文字之间空一个汉字符宽度 |
| 公式 | (3.2) | 序号加圆括号,右顶格排 |

3.9 其它

内　容	要　求
图和附表清单	标题要求同各章标题,正文部分:宋体五号字(英文用 Times New Roman 体 10.5 磅),1.5 倍行距,段前段后 0 行
符号说明	标题要求同各章标题,正文部分:宋体五号字(英文用 Times New Roman 体 10.5 磅),1.5 倍行距,段前段后 0 行
参考文献	标题要求同各章标题,正文部分:宋体五号字(英文用 Times New Roman 体 10.5 磅),1.5 倍行距,段前段后 0 行
附录	标题要求同各章标题,正文部分:宋体小四号字(英文用 Times New Roman 体 12 磅),两端对齐书写,段落首行左缩进 2 个汉字符。1.5 倍行距(段落中有数学表达式时,可根据表达需要设置该段的行距),段前 0 行,段后 0 行。
致谢	标题要求同各章标题,正文部宋体小四号字,1.5 倍行距,段前段后 0 行

3.10 印刷及装订要求

论文自中文摘要起双面印刷,中文摘要之前部分单面印刷。硕士学位论文封面封底采用 180 克浅蓝色羊皮纸,博士学位论文封面封底采用 180 克浅红色羊皮纸。

论文须用热胶装订。

附录 A

学位论文结构示意图

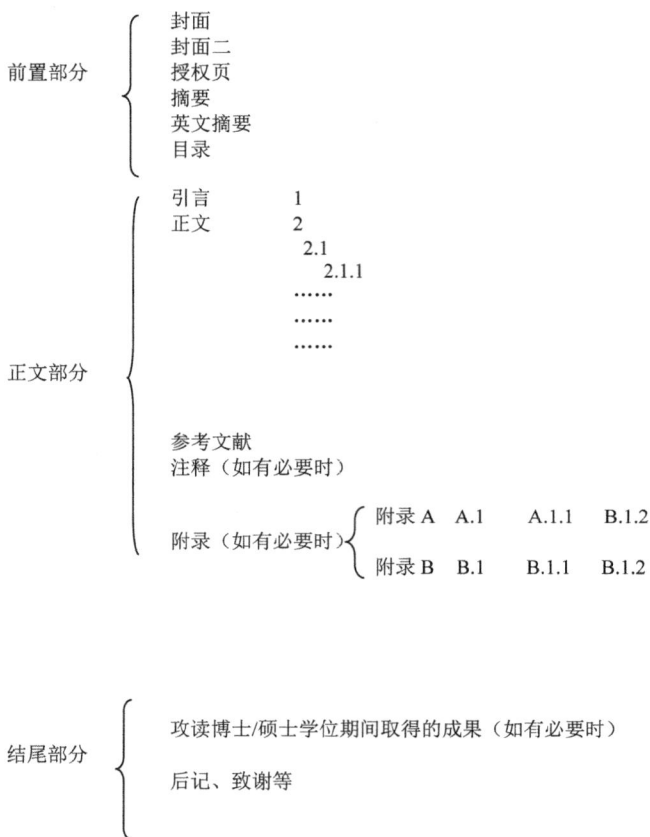

前置部分	封面
	封面二
	授权页
	摘要
	英文摘要
	目录

正文部分

引言　　　　1
正文　　　　2
　　　　　2.1
　　　　　　2.1.1
　　　　　……
　　　　　……
　　　　　……

参考文献
注释（如有必要时）

附录（如有必要时）

附录 A　A.1　　A.1.1　　B.1.2

附录 B　B.1　　B.1.1　　B.1.2

结尾部分

攻读博士/硕士学位期间取得的成果（如有必要时）

后记、致谢等

附录B

各学院英文译名

中文	英文
经济学院	School of Economics
法学院（纪检监察学院）	School of Law (School of Discipline Inspection and Supervision)
马克思主义学院	School of Marxism
体育学院	School of Physical Education
人文学院	School of Humanities
外国语学院	School of International Studies
理学院	School of Science
生命科学学院	School of Life Sciences
生态与环境学院	School of Ecology and Environment
机电工程学院	School of Mechanical and Electrical Engineering
材料科学与工程学院	School of Materials Science and Engineering
网络空间安全学院（密码学院）	School of Cyberspace Security (School of Cryptology)
信息与通信工程学院	School of Information and Communication Engineering
计算机科学与技术学院（国际数字影视学院）	School of Computer Science and Technology(International School of Digital Media and Film)
土木建筑工程学院	School of Civil Engineering and Architecture
化学工程与技术学院	School of Chemical Engineering and Technology
生物医学工程学院	School of Biomedical Engineering
食品科学与工程学院	School of Food Science and Engineering
热带作物学院	School of Tropical Crops
园艺学院	School of Horticulture
农业农村学院（乡村振兴学院）	School of Agriculture and Rural Affairs (School of Rural Revitalization)
植物保护学院	School of Plant Protection
动物科技学院	School of Animal Science and Technology
林学院	School of Forestry
海洋学院	School of Marine Sciences
药学院	School of Pharmaceutical Sciences
管理学院	Management School
旅游学院	School of Tourism
国际旅游学院（海南大学亚利桑那州立大学联合国际旅游学院）	HNU-ASU Joint International Tourism College ((HAITC)
公共管理学院	School of Public Administration
音乐与舞蹈学院	School of Music and Dance
美术与设计学院	School of Art and Design
应用科技学院	School of Applied Science and Technology
国际教育学院	School of International Education
继续教育学院	School of Continuing Education

学校代码：10589

分 类 号：

学　　号：

密　　级：

楷体_GB2312 三号字，左对齐
段落 1.5 倍行间距

图标 3.4*2.8cm，靠右

海南大学

图标 2.0*7.7cm，居中

博 士 学 位 论 文

方正小标宋简体加粗，段前段后
1.5 行，初号，居中，单倍行距

论文题目

楷体_GB2312 一号字加粗，居
中，段落 1.5 倍行间距

作 者 姓 名：＿＿＿＿＿＿＿＿＿＿

导 师 姓 名：＿＿＿＿＿＿＿＿＿＿

学 科 专 业：＿＿＿＿＿＿＿＿＿＿

培 养 院 系：＿＿＿＿＿＿＿＿＿＿

年　　月　　日

楷体_GB2312 三号字，居中
段落 1.5 倍行间距

> Times New Roma，字号 22 磅加粗，居中，1.5 倍行间距

A Dissertation Submitted to Hainan Unversity
for the Degree of Doctor

××××××××××××××××××××（注：此处为论文题目的英文翻译，注意单词的大小写规律）

> Times New Roma 字体 20 磅加粗，居中，1.5 倍行间距，论文题目中实词首字母大写

> Times New Roma，字号 16 磅，1.5 倍行间距，居中

By XXXXXXX（注：此处为学位申请人全拼，姓在前，名在后，如 ZHU Yongxing）

Supervisor: XXX（注：此处为导师姓名，姓在前，名在后，如 WANG Lin）

XXXX （注：此处为学科专业，如 Natural Science）

XXXX （注：此处为培养院系，如 School of Life Sciences）

XXXXX（注：此处为英文日期，月在前，年在后，如 June,2022）

> 方正小标宋简体,居中
> 二号字,1.5倍行间距

海南大学学位论文原创性声明和使用授权说明

原创性声明

> 宋体小四号字加粗,居中,1.5倍行间距

　　本人郑重声明：所呈交的学位论文,是本人在导师的指导下,独立进行研究工作所取得的成果。除文中已经注明引用的内容外,本论文不含任何其他个人或集体已经发表或撰写过的作品或成果。对本文的研究做出重要贡献的个人和集体,均已在文中以明确方式标明。本声明的法律结果由本人承担。

> 宋体小四,首行缩进2字符,小四号宋体,1.5倍行间距

　　论文作者签名：　　　　　　　　　　日期：

学位论文版权使用授权说明

> 宋体小四号字加粗,居中,1.5倍行间距

　　本人完全了解海南大学关于收集、保存、使用学位论文的规定,即：学校有权保留并向国家有关部门或机构送交论文的复印件和电子版,允许论文被查阅和借阅。学校可以为存在馆际合作关系兄弟高校用户提供文献传递服务和交换服务。本人授权海南大学可以将本学位论文的全部或部分内容编入有关数据库进行检索,可以采用影印、缩印或扫描等复制手段保存和汇编本学位论文。

　　保密论文在解密后遵守此规定。

> 宋体小四,首行缩进2字符,小四号宋体,1.5倍行间距

　　论文作者签名：　　　　　　　　　　导师签名：

　　日期：　年　月　日　　　　　　　　日期：　年　月　日

....

　　本人已经认真阅读"CALIS 高校学位论文全文数据库发布章程",同意将本人的学位论文提交"CALIS 高校学位论文全文数据库"中全文发布,并可按"章程"中规定享受相关权益。

　　　　同意论文提交后滞后：□半年、□一年、□二年发布。

> 宋体小四,首行缩进2字符,小四号宋体,1.5倍行间距

　　论文作者签名：　　　　　　　　　　导师签名：

　　日期：　年　月　日　　　　　　　　日期：　年　月　日

摘要

> 黑体三号字居中，段前、段后
> 1.5 行，1.5 倍行间距，居中

　　××××××××××××××××××××××××××××
××××××××××××××××××××××××××××××
××××××××××××××××××××××××××××××
××××××××××××××××××××××××××××××
××××××××××××××××××××××××××××××
××××××××××××××××××××××××××××××
××××××××××××××××××。

　　关键词：××；××××；×××；××××

> 宋体，小四号，段前、段后 0，
> 1.5 倍行间距，首行缩进 2 字符
> 关键词加粗，正文同上

> 页脚底端距离 2.0cm，前言、摘要、ABSTRACT
> 分别用大写罗码数字 I、II、III 等标明页
> 码居中，正文部分按照阿拉伯数字标明页
> 码，奇数页页码居右，偶数页页码居左

ABSTRACT

Times New Roma，20磅字加粗
居中，段前、段后1.5行，1.5
倍行间距，居中

××××××××××××××××××××××××××××
××××××××××××××××××××××××××××
××××××××××××××××××××××××××××
××××××××××××××××××××××××××××
××××××××××××××××××××××××××××
××××××××××××××××××××××××××××
××××××××××××××××××××××××××××
×××××××××××××××××.

Key Words：××××，××××，×××，××

Times New Roma，16磅，段前、
段后 0，行间距固定值20磅，首
行缩进 2 字符
关键词加粗，正文同上

目录

黑体三号字居中，段前、段后
1.5 行，1.5 倍行间距，居中

前言、摘要、ABSTRACT 黑体四号字，罗
马数字 I、II、III 等标明页码，1.5 倍
行距，段前段后 0，两端对齐，页码右
对齐；

一级标题，黑体四号，页码按照实际标
注，1.5 倍行距，段前段后 0，两端对
齐，页码右对齐；

二级标题，宋体四号字，页码按照实际
标注，1.5 倍行距，段前段后 0，两端
对齐，页码右对齐；

参考文献、致谢、附录，黑体四号，页
码按照实际标注，1.5 倍行距，段前段
后 0，两端对齐，页码右对齐

附录二 《法学引注手册》①

法学引注手册

2019 年 11 月

---

① 此附录内容节选自《法学引注手册》第一、二部分,仅作为学术参考资料使用。参见:法学引注手册编写组编,《法学引注手册》,北京大学出版社 2020 年版,第 1—56 页。

本引注手册由下列单位共同制定并使用

中国法学会法学期刊研究会推荐

《中国法学》	《法学》	人民法院出版社
《中外法学》	《法学家》	中国法制出版社
《中国法律评论》	《法学研究》	中国检察出版社
《中国刑事法杂志》	《法学评论》	中国民主法制出版社
《东方法学》	《法商研究》	中国政法大学出版社
《比较法研究》	《法制与社会发展》	北京大学出版社
《北大法律评论》	《国家检察官学院学报》	法律出版社
《华东政法大学学报》	《环球法律评论》	知识产权出版社
《行政法学研究》	《政法论坛》	清华大学出版社
《交大法学》	《政治与法律》	
《财经法学》	《清华法学》	中国知网

前 言

　　规范的引注是一个学科成熟的标志。我国法学研究人员众多，出版兴旺。但长期以来，引注体例既不完善也不统一。现有的几个推荐性标准比较简略，对许多问题没有说法，相互之间也不一致；法学刊物和出版社基本上各搞一套，以至于作者投稿，换一家单位就改一种引注体例。引注体例虽然不是学术研究中的大事，却耗费了作者和编者太多的精力。

　　有感于此，多家法学期刊、法律出版社和法律数据库联合制定了这份引注手册。起草小组曾在清华大学法学院开过两次会议，并在今年举行的法学期刊研究会年会上做了报告。联合制定、相约使用一份引注手册的设想得到了热烈的响应。编写组广泛吸取各方意见，最终形成目前的手册。

　　与现有的引注体例相比，这份手册具有明显优点。第一，内容详实。手册对什么地方该引、什么文献该引、引用格式如何，提出了一般性的要求；对于常见文献包括法律文件、司法案例、网络文章的引用，做了比较具体的规定；对于英、法、德、日四种主要外文文献的引用，也有相当篇幅的规定。第二，考虑周全。引注格式的具体问题，有的本来就是见仁见智，这也导致各行其是。编写组本着遵守法律、遵循惯例、尊重作者和编者的方针，能够统一的尽量予以统一，同时也考虑作者和出版单位的不同需要，使其具有包容性和延展性。第三，查阅方便。手册正文以条为基本顺序，辅以节、项，前有示例、目录，后有起草说明。手册装帧考究，尽量方便读者阅览。可以说，这是迄今为止中文法学领域一个比较完善的引注体例。为此，中国法学会法学期刊研究会予以大力推荐。

我们希望，这份手册能够给法学论文和书籍的写作者、出版者带来便利。欢迎更多的法学教育机构、研究机构和出版机构采用这份体例。也希望这份手册能够不断修改完善，成为中国法学引注的标准蓝皮书。

张新宝

中国法学杂志社总编辑

中国法学会法学期刊研究会会长

2019 年 10 月 25 日

目 次

三、外文引注体例 42

示 例

（一）引用书籍的基本格式为：

〔1〕王名扬：《美国行政法》，北京大学出版社 2007 年版。

〔2〕张新宝：《侵权责任法》（第 4 版），中国人民大学出版社 2016 年版，第 73-75 页。

〔3〕高鸿钧等主编：《英美法原论》，北京大学出版社 2013 年版，第二章"英美判例法"。

〔4〕[美]富勒：《法律的道德性》，郑戈译，商务印书馆 2005 年版。

（二）引用已刊发文章的基本格式为：

〔5〕季卫东：《法律程序的意义：对中国法制建设的另一种思考》，载《中国社会科学》1993 年第 1 期。

〔6〕王保树：《股份有限公司机关构造中的董事和董事会》，载梁慧星主编：《民商法论丛》第 1 卷，法律出版社 1994 年版，第 110 页。

〔7〕[美]欧中坦：《千方百计上京城：清朝的京控》，谢鹏程译，载高道蕴等编：《美国学者论中国法律传统》，中国政法大学出版社 1994 年版。

〔8〕何海波：《判决书上网》，载《法制日报》2000 年 5 月 21 日，第 2 版。

（三）引用网络文章的基本格式为：

〔9〕汪波：《哈尔滨市政法机关正对"宝马案"认真调查复查》，载人民网 2004 年 1 月 10 日，http://www.people.com.cn/GB/shehui/1062/2289764.html。

〔10〕《温家宝主持国务院会议 研究房地产业健康发展措施》，载新华网，http://news.xinhuanet.com/newscenter/2006-05/17/content_4562304.htm 。

〔11〕赵耀彤：《一名基层法官眼里好律师的样子》，载微信公众号"中国法律评论"，2018 年 12 月 1 日。

〔12〕参见法国行政法院网站，http://english.conseil-etat. fr/Judging, 2016 年 12 月 18 日访问。

（四）引用学位论文的基本格式为：

〔13〕 李松锋：《游走在上帝与凯撒之间：美国宪法第一修正案中的政教关系研究》，中国政法大学 2015 年博士学位论文。

（五）引用法律文件的基本格式为：

〔14〕《民法总则》第 27 条第 2 款第 3 项

〔15〕《国务院关于在全国建立农村最低生活保障制度的通知》，国发〔2007〕19 号，2007 年 7 月 11 日发布。

（六）引用司法案例的基本格式为：

〔16〕 包郑照诉苍南县人民政府强制拆除房屋案，浙江省高级人民法院（1988）浙法民上字 7 号民事判决书。

〔17〕 陆红霞诉南通市发改委政府信息公开案，《最高人民法院公报》2015 年第 11 期。

（七）引用英文报刊文章和书籍的基本格式为：

〔18〕 Charles A. Reich, *The New Property*, 73 Yale Law Journal 733, 737-38 (1964).

〔19〕 Louis D. Brandeis, *What Publicity Can Do*, Harper's Weekly, Dec. 20, 1913, p.10.

〔20〕 William Alford, *To Steal a Book is an Elegant Offense: Intellectual Property Law in Chinese Civilization*, Stanford University Press, 1995, p.98.

一、引注的一般规范

（一）引注的基本要求

1. 使用引注应当必要和适度

学术写作应当尊重前人智力成果，方便读者查核论证资料。凡是涉及学术观点、法律文件、事件、案例、统计数据等，需要交代出处而又不便在正文中叙明的，应当予以注明。

注意保持正文流畅，避免过度引注。业内周知的知识无需引注，平常的意思无需引用他人的话。节制使用原文引用；除非必要，不大段引用原文。尽量避免一句多注或者连续一句一注。

2. 文献来源真实、相关、权威

确保引用文献的真实性。未经查核的文献不得引用。引用他人观点，不得曲解。

所引文献应当与论证相关。同一问题有多种相关文献的，优先引用与论证最密切的文献。对相关问题的专题论述优于简单论及的文献。

同一内容有多种文献来源的，应当选择权威文献。有纸质出版文献的，不引用网络、电视资料。同一文献有多个来源的，一般引用最初刊发的文献，不引用网络或者其他介质转载的文献；能够查找并阅读原初文献的外文、古籍，应当查找并引用原初文献，不使用转引。有修订再版的，一般引用修订后的版本，先前版本与论证主题更为密切相关的除外。

3. 引注信息准确、完整、简洁

已出版文献引注信息的内容，原则上从原文原著。书籍的作者、名称和出版信息（如"修订版""增订版""第×版"），以版权页为准。原文献的署名或者标题有错误的，先依原文，之后可以在适当位置注明。例如：

朱苏力：《制度是如何形成的？——关于马歇尔诉麦迪逊案的故事》，载《比较法研究》1998 年第 1 期（引者注：此处"马歇尔"系"马伯里"之误）。

引用文献信息应当完整，包含被引文献的基本要素，尽量方便读者查核。标注文献信息的具体内容，可以根据引注体例并结合文章主题、写作对象和论述需要酌定。

在保证引注信息完整的前提下，引注信息的编排尽可能简洁、流畅。

（二）引注的一般格式

4. 引注信息的排版

注释内容采用页下脚注。

引注符号使用阿拉伯数字，可以带圆圈或者六角括号，也可以不带。对论文作者的介绍、翻译作品的译者注，可以使用其他符号，以示区别。

引注序数，文章建议每篇连续编码，图书建议各个篇章连续编码。

5. 引注符号的位置

对全句的引用，引注符号置于句号、问号等标点之后。对句子部分内容的引用，引注符号置于该部分之后；对句中字词的直接引用，引注符号应当紧接引号，置于其他标点之前。例如：

在《行政诉讼法》起草过程中，关于受案范围问题曾有热烈的讨论。[1] 尽管多数学者主张概括规定法院应当受理的案件范围，以使受案范围尽量宽泛，[2] 立法最终采取了逐项列举的方式。比起此前各个单行法，《行政诉讼法》规定的受案范围"有所扩大"[3]，但与概括规定的主张还相距很远。

---

[1] 立法过程中的相关讨论和争鸣，参见金俊银、邱星美：《试论我国行政诉讼的范围》，载《西北政法学院学报》1988 年第 3 期；姜明安、刘凤鸣：《行政诉讼立法的若干问题研究》，载《法律学习与研究》1988 年第 3 期；肖峋：《行政诉讼受案范围的比较研究》，载《法律学习与研究》1988 年第 6 期；张尚鷟：《试论我国的行政诉讼制度和行政诉讼法》，载《中国法学》1989 年第 1 期；王名扬：《评行政诉讼法草案》，载《政法论坛》1989 年第 1 期；俞梅荪、孙林：《行政诉讼法草案修改意见综述》，载《法制日报》1989 年 3 月 15 日；张树义：《〈行政诉讼法（草案）〉若干争论问题再思考》，载《法学》1989 年第 3 期。

[2] 同上注。特别是俞梅荪、孙林文和张树义文，针对全国人大常委会公布的法律草案，明确主张采用概括式规定。

[3] 王汉斌：《关于〈中华人民共和国行政诉讼法（草案）〉的说明》，1989 年 3 月 28 日在七届全国人大二次会议上。

6. 引文的编排处理

为了节省篇幅，作者在原文引用时可以删除部分内容，删除的地方使用省略号；为了强调，作者在原文引用时可以对部分文字加上着重号或者变换字体；为便于读者理解，作者对引用内容可以用夹注的方式作出解释。删除、强调或者解释，应当清晰区分被引原文和作者评注，避免读者对引文原意产生误解。

大段引用，或者有其他情况作者需要特别强调的，引注内容可以独立成段，变换字体，缩进编排。例如：

河南是全国行政诉讼大省，10 年受案 10.6 万余件，约占全国的六分之一。该省于 1996 年 4 月召开全省法院行政审判工作会议：

> 除各中院的院长、行政庭长和 1995 年行政诉讼、非诉行政案件收案'双超百'的 23 个基层法院的一把手和三个大力支持行政审判工作的县委书记参加会议外（**以之鼓励先进！**），我们还让行政诉讼案件收案不足 10 件的 14 个基层法院的一把手参加会议（**以之鞭策后进！**）。在省院会议上，李道民院长（**针对各地收案悬殊的状况**）要求每个法院的领导都要认真查找一下原因，关键是从法院内部、从领导自身找原因；要认真反思一下，自己思想是否解放，是不是真正重视行政审判工作。[4]

7. 文中图表的注释

对文中图表的来源或者内容的注释，可以采用页下注，也可以置于图表下面；置于图表下面的，不与其他注释连续编码。

图表来自其他文献的，出处宜以"图形来源""图片来源"或者"表格来源"引出；图表数据来自其他文献、图表系作者自制的，出处宜以"数据来源"引出。

如果对图表有不同性质的注释，可以按图表来源、图表整体注释、图表部分内容注释的顺序排列。

---

[4] 河南省高级人民法院：《充分发挥上级法院的监督指导作用 推动全省行政审判工作健康发展》，载最高人民法院行政审判庭编：《中国行政审判研讨——99'全国法院行政审判工作会议材料汇编》，人民法院出版社 2000 年版。括号中的粗体字为本文作者所加。

8. 文中夹注古籍

引用常见古籍经典中的语句，出处又相当简短的，可以在正文中使用夹注，以代替页下脚注。夹注一般只标书名和篇名，用中圆点连接，用圆括号括注，紧随引文之后。例如：

天神所具有的道德意志，代表的是人民的意志。这也就是所谓"天聪明自我民聪明，天明畏自我民明畏"（《尚书·皋陶谟》），"民之所欲，天必从之"（《尚书·泰誓》）。

9. 文中夹注外文

正文中提及的外国人名、地名和重要术语，读者不熟悉或者容易误解的，第一次出现时，在正文中夹注外文。例如：

自毕克尔（A. Bickel）提出司法审查"反多数难题"（counter-majoritarian difficulty）[5]，该问题占据了美国宪法研究的中心，无数的笔墨花在对司法审查合法性的探讨上。

夹注外文不宜太多、篇幅不宜太长，以免妨害中文阅读。众所周知的外国人名、地名和术语，在论述中并不重要的术语，不夹注外文。人名、地名、术语涉及情况比较复杂，需要在正文或者脚注中专门辨析、说明的，不使用夹注。较长句子不使用夹注。

10. 文中夹注页码

一般来说，不鼓励在一个篇章中频繁、密集引用同一文献。对特定书籍和文章的专门介绍、评论、商榷，确需多次引用的，可以在适当声明后，在正文相应位置用括号夹注页码。

11. 引领词的用法

1）"参见"和"见"

一般来说，概括引用可以使用"参见"引领，直接引用原文用"见"。由于引用原文通常使用引号，足以识别，可以省略引领词"见"。

2）"又见""另见"

---

[5] Alexander Bickel, *The Least Dangerous Branch: The Supreme Court at the Bar of Politics*, Yale University Press, 1962, p.16-28.

同一文献有不同出处，需要互相印证的，可以写"又见"。

正文中叙述一个观点，脚注援引该观点的出处，同时提及其他作者的相关文献，可以写"另见"。

3）"转引自"

作者没有找到原初文献并予以核实，只是转引他人的，写"转引自"。作者已经查找、核实原文的，直接引用原文，不写"转引自"。

4）"载"

文章来源于期刊、报纸、网络以及来源于独立作品组成的文集，文献来源前标注"载"。

12. 标点符号的用法

标点符号的使用应当遵循国家标准《标点符号用法》（GB/T 15834-2011），防止误用。以下是常见的误用：

1）混用标点符号与其他符号。例如，把单书名号〈〉写成尖括号 <>，把短横线– 写成一字线—，把中圆点·写成下角圆点 .。

2）混用中英文输入法。例如，把中文状态的下的逗号，、引号""、括号（），与英文状态下的逗号, 、引号""、括号( ) 混同使用。

3）不必要地使用标点符号。例如，在几个并列的书名号（如《中国法学》《中外法学》《清华法学》《法学家》）中间加顿号，在标示序数的括号［如（一）］后面加顿号。

13. 同一注释包含多个文献

同一注释里包含多条同类文献的，一般按时间顺序排列，用分号隔开。例如：

马怀德主编:《司法改革与行政诉讼制度的完善》,中国政法大学出版社 2004
年版; 胡建淼主编:《行政诉讼法修改研究》,浙江大学出版社 2007 年版; 杨小
君主编:《行政诉讼法问题研究与制度改革》,中国人民公安大学出版社 2007 年
版; 莫于川主编:《建设法治政府需要司法更给力》,清华大学出版社 2014 年
版; 何海波等:《理想的行政诉讼法》,载《行政法学研究》2014 年第 2 期。

同一注释里中外文文献混合排列的，结尾句号使用最后文献的语种。例如：

参见沈岿：《制度变迁与法官的规则选择：立足刘燕文案的初步探索》，载《北大法律评论》第 3 卷第 2 辑，法律出版社 2000 年版；Thomas Kellogg, "*Courageous Explorers*"? *Education Litigation and Judicial Innovation in China*, 20 Harvard Human Rights Journal 141 (2007).

外文文献包含在一个句子中，整个句子属于中文句式的，结尾句号使用中文句号。例如：

对于"分离的领域"的经典论述，参见 Bradwell *v.* Illionois, 83 U.S. 130, 141 (1892)。

14. 同一文献多次出现

对同一文献的引用应当适度；除了对该文献的专门介绍和评论，一般不宜频繁、密集引用。

同一文献在文中多次出现的，第一次必须引用完整信息，再次引用时可以略写。是否略写，由各刊物、出版社或者出版社授权编辑自行决定。为防止修改、编辑过程中发生错乱，作者投稿时不建议采用略写。

略写文献时，一般应当写明前注序号、文献作者、文献名称，必要时标注页码。文献作者前不加国籍，标示文献性质的"编""主编"等可以省略；作者为三人以上的可以只写第一作者，后加"等"；文献名称可以略写副标题。例如：

〔16〕应松年、马怀德主编：《当代中国行政法的源流：王名扬教授九十华诞贺寿文集》，中国法制出版社 2006 年版。

〔37〕同前注〔16〕，应松年、马怀德：《当代中国行政法的源流》，第 330 页。

在不引起误解的情况下，上述文献也可以进一步略写为：

〔37〕同前注，应松年、马怀德书，第 330 页。

前后紧邻的两个引注，文献完全相同，而且没有其他文献干扰的，可以写"同上注"或者"Ibid"；所引文献是外文的，从该语种习惯。例如：

〔56〕R. *v.* Panel on Take-overs and Mergers [1987] QB 815.

〔57〕Ibid.

15. 同一文献多个来源

同一文献有多个来源的，原则上只引用一个来源，即最早的出处。一些早期文献的最早出处一般读者不易查找，作者认为有必要的，可以同时引注该文献重印或者转载的信息。例如：

顾颉刚：《五德终始说下的政治和历史》，载《清华学报》第 6 卷第 1 期（1930年），后重刊于顾颉刚编著：《古史辨》（第 5 册），朴社 1935 乞版（上海古籍出版社 1982 年重印）。

民国大学诉工商总长刘揆一案，判决文书见熊元翰等编：《京师地方审判厅法曹会判牍汇编·第一集民事》，京师地方审判厅 1914 年版，第 232-236 页，转引自北京记忆，

http://www.bjmem.com.cn/bjm/bjwh/zzfl/200711/t20071111_5953.html。

16. 对文献的解释和评论

除了纯粹的解释性脚注，引用文献的脚注也可以适当夹带解释或者评论。

1）对文献内容的解释。例如：

R. *v.* Panel on Take-overs and Mergers [1987] QB 815. 该案涉及对一个证券交易机构的司法审查。这个交易机构既非行政机关也没有法律授权，却行使规制和惩罚的职能。

2）提示类似研究或者相反观点。例如：

Jeffrey E. Cohen, *The Dynamics of the "Revolving Door" on the FCC*, 30 American Journal of Political Science 689 (1986). 类似的研究还有 Paul Quirk, *Industry Influence in Federal Regulatory Agencies*, Princeton University Press, 1981.

3）对文献整体的评论。例如：

这些意见没有公开，但从最高人民法院法官的著作中，可以了解法院的基本立场。参见江必新主编：《中国行政诉讼制度的完善：行政诉讼法修改问题实务研究》，法律出版社 2005 年版；江必新：《完善行政诉讼制度的若干思考》，载《中国法学》2013 年第 1 期；李广宇、王振宇、梁凤云：《行政诉讼法修改应关注十大问题》，载《法律适用》2013 年第 3 期。

（三）与引注有关的论文部件

本部分主要适用于学术论文，内容为建议性质。书稿可由出版社另行安排。

17. 论文标题

标题应直观、贴切反映论文主题，力求简洁、通顺。原则上不用三重标题，例如"依法治国：新时代的重大使命——对若干基本问题的探讨"。

标题内容不用脚注说明，需要说明的信息宜在主文中说明；作为题注的作者介绍、项目信息、致谢等内容除外。

18. 论文摘要

摘要应客观反映文章核心内容，言之有物、连贯顺畅、独立成篇。

摘要可以摘录文中字句，但不宜大段重复论文段落。摘要不使用第一人称（如"我认为"），忌带主观评价（如"具有开创意义"）。

学术论文的摘要，以 200-300 字为宜，不分段；论文篇幅较长的，摘要字数可以稍多。硕士学位论文的摘要可以稍长，一般不超过 800 字（以一页 A4 纸为宜），建议分段；博士学位论文的摘要一般不超过 1600 字。学校对学位论文摘要的字数有要求的，从其要求。

摘要不用脚注。

19. 关键词

学术论文摘要之后，附关键词 3-5 个。关键词栏以"关键词"字样引导，后加冒号。

关键词应当标示论文的核心主题因素。不使用过分特别、其他研究者不会想到的语词，也不使用过分普通、没有识别度的语词，作为关键词。

关键词一般不带引号、书名号。关键词之间留空格，或者用分号隔开。例如，不说"最多跑一次"、《行政许可法》，而直接说：

关键词： 最多跑一次 行政许可法 行政审批改革 服务行政

20. 作者介绍

论文作者介绍，应当标明作者的工作单位和学术头衔（职称、学历）。例如：

林来梵，法学博士，清华大学法学院教授。

作者介绍一般只写最主要身份，不写"博士生导师""研究会理事"等；除了在职公务人员，不写行政职务。确有必要标明兼职身份的，原则上只写一个。作者学历，一般只写最高学历，可以具体写上学位授予单位。

合作作品的，宜于在作者介绍部分说明各自分工或者参与的情况。

作者介绍可以置于页下脚注位置，也可以置于论文摘要和关键词之后。采用页下脚注的，用星号*标明；有多位作者的，一一标明，但只标记一个星号。

21. 项目说明

论文系课题项目成果的，可以注明课题项目的支持机构和项目名称；有项目号的，可以同时标明项目号。

刊发的论文与支持项目应当有关联性。同一论文的项目支持机构原则上只写一家，最多不超过两家。

22. 作者致谢

作者以外其他人的贡献，可以适当声明。致谢应当客观、诚恳、简约。

23. 参考文献

如有需要，文后可以附上论文写作的主要参考文献。参考文献较多的，可以按文献性质、语种、作者姓名顺序、发表时间排列。

法律专业图书可以分别做参考文献、案例索引、术语索引（或人名索引）、图表索引。

二、中文引注体例

（一）引用纸质出版文献

24. 引用纸质出版文献的基本要求

1）纸质出版文献的概念

纸质出版文献包括已经发表的论文、已经出版的图书，以及纸质媒体的报道，不包括法律文件和裁判文书。

2）文献性质

引用纸质出版文献，应当让读者识别文献性质。作者独创的作品，姓名后省略"著"字；其他作品，应当标明该文献系主编、汇编、翻译、整理、点校等文献性质。文献性质以版权页为准。

3）纸质出版文献的要素

引用纸质出版文献，一般包括主要作者、文献名称、其他贡献者（翻译、整理、校对）、出版信息（出版机构和年份或者期刊期数）、页码或者章节。文献主要作者（包括文献的原创者及主编、汇编者）写在文献名称之前，其他贡献者（包括文献的翻译者、整理者、勘校者等）写在文献名称之后。

4）纸质出版文献的标点符号

纸质出版文献的主要作者与作品之间，用冒号间隔；其他要素之间，用逗号间隔；同一要素的多个信息（例如作者与作者之间），用顿号间隔。

A. 文献作者

25. 原创作品的作者

引用文献时提及并区分文献作者主要是为了方便读者识别文献性质和查核文献，不涉及著作权的归属。

作者对于作品的形成注入了较多贡献的，在引用时视为原创作品；主要是翻译、整理、校勘他人文字和口头作品的，在引用时视为原创作品。例如，对外国法律的翻译和译注，可以分别做如下处理：

《英国 2006 年公司法》，葛伟军译，法律出版社 2008 年。

陈卫佐译注：《德国民法典》（第 4 版），法律出版社 2015 年版。

26. 编辑作品的编者

编辑作品的，在主要作者（编者）姓名之后，加"主编""编""编著""编译""译注"等，说明文献性质。例如：

陈兴良主编：《刑法学》，复旦大学出版社 2003 年版。

何海波编：《中外行政诉讼法汇编》，商务印书馆 2018 年版。

引用多人参与、一人或者若干人主要负责的编辑作品，只写主编，不写副主编、编委会主任，也不写各部分作品的作者。引用多人分工主编的大型丛书中的某一卷册，只写该卷主编，不写丛书总主编。

27. 翻译作品的译者

翻译作品的译者位于文献名称之后、出版信息之前。例如：

［美］富勒：《法律的道德性》，郑戈译，商务印书馆 2005 年版。

［美］欧中坦：《千方百计上京城：清朝的京控》，谢鹏程译，载高道蕴等编：《美国学者论中国法律传统》，中国政法大学出版社 1994 年版。

翻译作品有校对者的，可以视情况写明校对者。例如：

［英］科林·斯科特：《规制、治理与法律》，安永康译，宋华琳校，清华大学出版社 2018 年版。

28. 口述作品的整理者

口述作品，口述者位于文献名称之前，整理者位于文献名称之后、出版信息之前。例如：

江平：《沉浮与枯荣：八十自述》，陈夏红整理，法律出版社 2010 年版。

29. 勘校作品的校对者

古籍点校作品，可以视情况写明点校者；早期作品再版的，也可以视情况写明校对者。例如：

沈家本：《历代刑法考》，邓经元、骈宇骞点校，中华书局 1985 年版。

范扬：《行政法总论》，邹荣校，中国方正出版社 2005 年版。

B. 作者的写法

30. 作者的一般写法

1）直写姓名

引用著作直写作者姓名，不写职务。引用本人著作不用"拙文""拙著"之类的谦称，引用他人著作不用"氏著"之类的说法。

2）标注全名

作者姓名、名称，原则上应当按照版权声明标注全名。例如：

全国人大常委会法制工作委员会行政法室编：《行政诉讼法立法背景与观点全集》，法律出版社 2015 年版。

3）团体作者

作者系多人，以"编写组""编委会"等为名的，从其署名。例如：

本书编写组：《"三个代表"重要论述释义》，中央文献出版社 2000 年版。

4）笔名

作者使用笔名的，从笔名；必要时，可以括注真名。例如：

慕槐（贺卫方）：《关于注释》，载《法学研究》1995 年第 2 期。

31. 外籍作者

外籍作者，在姓名之前用方括号［ ］注明国籍；台港澳作者，无需特别标明。

国籍以版权页为准，可以使用简称，如［德］、［英］；但如果可能引起歧义，不得使用简称。例如，阿富汗学者不能简称［阿］，而应该写［阿富汗］。

姓名标示应当完整。学界熟悉、约定俗成的姓名，从习惯，如"［德］康德""［英］边沁"。特别冗长的姓名，在不引起误解的情况下，也可以缩写。例如，葡萄牙学者若泽·曼努埃尔·里贝罗·塞尔武罗·科雷亚（José Manuel Ribeiro Sérvulo Correia），可缩写为"若泽·曼努埃尔·科雷亚"。

姓名中间的间隔符用中圆点，如"马克斯·韦伯"；中外文混用的姓名，外文用首字母缩写的，首字母右下角加"．"，其后不用中圆点。原文与此写法不同的，照此统一。例如：

［美］理查德·J.皮尔斯

32. 合作作品的作者

合作作品的几位作者之间，用顿号间隔。例如：

罗豪才、袁曙宏、李文栋：《现代行政法的理论基础》，载《中国法学》1993
年第 1 期。

作者人数为两人的，一一列明。

作者人数为三人或者三人以上的，原则上第一次列明全部，再次引用时可
以只列第一作者，后加"等"。例如，前述文章在再次引用时，可以写作：

罗豪才等：《现代行政法的理论基础》，载《中国法学》1993 年第 1 期。

作者人数众多，不便全部列明的，可以根据情况列 1-2 个，后面加"等"。
例如，《近代中国宪政历程：史料荟萃》一书由 6 位作者共同整理，但版权页只
列两人。引用时可以写作：

夏新华、胡旭晟等整理：《近代中国宪政历程：史料荟萃》，中国政法大学
出版社 2004 年版。

33. 作者信息的省略

1）古籍的作者

常用基本典籍和官修大型典籍，可不标注作者。例如，《论语》《资治通鉴》、
二十四史等。

2）辞书的作者

由编委会组织编写的辞典、百科全书等，可以省略作者。例如，中国大百
科全书出版社 1984 年出版的《中国大百科全书·法学》是一个庞大的法学编辑
委员会负责编写、并由众多人员参与编辑出版工作的集体作品。引用时，只需
写：

《中国大百科全书·法学》，中国大百科全书出版社 1984 年版。

3）作者佚名的

被引文献没有作者署名，经过查考仍无法确定作者的，不写作者姓名，或
者只写"佚名"。

4）个人文集

书名包含作者姓名的个人文集，从书名可以直接推断作者的，可以省略文集作者。例如：

邓小平：《精简机构是一场革命》，载《邓小平文选》（第 2 版第 2 卷），人民出版社 1994 年版。

C. 文献名称

34. 文献名称

1）引用文献的名称，包括文章标题，用书名号；栏目名称、丛书名，可视情况使用引号

2）引用文献应当用全称，不用简称。文献名称冗长的，第一次引用仍应全称，再次引用时可以略称（详见本手册第 12 条）。

3）所引文献标题带有逗号、问号等标点符号的，从原文，不省略。例如：

《执行难，难于上青天？》

4）所引文献有副标题的，主标题和副标题之间的符号（冒号、破折号等），一般从原文。原文排版时没有使用标点符号的，加冒号；主标题是问句的，可以加破折号。例如：

《行政诉讼证据规则：原理与规范》

《何以合法？——对"二奶继承案"的追问》

35. 报纸的标题

所引文章标题包含两个部分，但没有主从关系的，用一个字符的空格隔开。例如：

《陕西国土厅否决法院判决 施压最高院要求改判》

报纸标题包含引题或者副题，内容特别冗长的，可以省略引题或者副题。例如，一则报道标题为"周强在全国法院决胜'用两到三年时间基本解决执行难'动员部署会上强调 坚定信心 攻坚克难 坚决如期打赢'基本解决执行难'决胜仗"。引用时可省略引题，写成：

《坚定信心 攻坚克难 坚决如期打赢"基本解决执行难"决胜仗》

36. 图书的标题

所引图书包含两个不同主题，互相没有主从关系的，用一个字符的空格隔开。例如：

[美]罗·庞德：《通过法律的社会控制 法律的任务》

所引图书是大型丛书中的一种，丛书名称不能省略的，用顿号间隔。例如：

《中国大百科全书·法学》

多卷本的图书，在书名号后面用括号注明"上册""第×卷"等；连续出版物的卷、辑，不加括号。卷次一般用阿拉伯数字。例如：

《邓小平文选》（第 2 卷）

《民商法论丛》第 61 卷

37. 图书的版本

1）图书版本不同于印刷次数；同一版本多次印刷的，仍为一版。版本信息以版权页为准。

2）图书初版的，无需标明"初版""第 1 版"；再版的，在图书名称后，括注"修订版""增订版""第×版"等。例如：

张新宝：《侵权责任法》，中国人民大学出版社 2006 年版。

张新宝：《侵权责任法》（第 4 版），中国人民大学出版社 2016 年版。

3）外文图书的中译本一般无需标明原书版次；确有必要时，可以在书名后用括号标明"原书第×版"。例如：

[美]理查德·J. 皮尔斯：《行政法》（原书第 5 版），苏苗罕译，中国人民大学出版社 2016 年版。

[英]劳特派特修订：《奥本海国际法》（第 8 版上卷第一分册），王铁崖、陈体强译，商务印书馆 1971 年版。

4）图书再版时变更出版社，没有标明再版的，从原书信息。例如：

王名扬：《美国行政法》，中国法制出版社 1995 年版；

王名扬：《美国行政法》，北京大学出版社 2007 年版。

D．出版信息

38. 图书的出版信息

1）图书的出版信息，包括出版社和出版时间。

2）出版社名称应当完整，出版社之前不写所在城市。例如，只写"法律出版社"，不写"北京：法律出版社"。

3）两家出版机构联合出版的，应当一一列明，中间用顿号。例如：

魏振瀛主编：《民法》（第 7 版），北京大学出版社、高等教育出版社 2017 年版。

4）出版时间只写年、不写月。出版月份与讨论主题有关系的，可以写明月份。

39. 期刊的出版信息

1）期刊名称用书名号。期刊的"社会科学版""人文社会科学版"属于期刊名称的一部分，用括号置于书名号内。期刊的出版信息，一般采用"××年第×期"。例如：

《清华大学学报（哲学社会科学版）》2018 年第 4 期

2）期刊名称有变化的，写所引文献发表当时的期刊名。

3）期刊有别名的，写主要名称。例如，《法律科学》杂志在封面上标明该刊系"西北政法大学学报"，引用时可以只写"《法律科学》"。

40. 其他连续出版物的出版信息

期刊之外的其他连续出版物（包括一卷多辑、连续页码的出版物），一般标明主编或者编辑，直接标注"第×卷""第×辑"或者"第×卷第×辑"，后面注明出版社和出版年份。连续出版物的封面未标明主编的，引注时也不标主编。例如：

梁慧星主编：《民商法论丛》第 1 卷，法律出版社 1994 年版

《北大法律评论》第 4 卷第 2 辑，法律出版社 2002 年版

41. 文集的出版信息

引用会议文集、纪念文集或者其他专题文集中的文章，应当完整标注该书籍的编者、书名和出版信息，以"载"字开头。例如：

宋炉安：《行政诉讼中的法律发现》，载应松年、马怀德主编：《当代中国行政法的源流：王名扬教授九十华诞贺寿文集》，中国法制出版社 2006 年版。

42. 报纸和新闻类杂志的出版信息

报纸的出版信息，一般注明年、月、日；必要时，注明版次。例如：

何海波：《判决书上网》，载《法制日报》2000 年 5 月 21 日，第 2 版。

新闻类杂志的出版信息，一般注明期次，必要时括注刊发时间。例如：

王和岩：《邓玉娇案尘埃落定》，载《财经》2009 年第 13 期（2009 年 6 月 22 日）。

43. 古籍的出版信息

传统的刻本、抄本，应当标明版本信息；现代出版的标点本、整理本、影印本，也可根据需要标注出版方式。例如：

姚际恒：《古今伪书考》卷三，光绪三年（1877 年）苏州文学山房活字本

《太平御览》卷六九○，中华书局 1985 年影印本，第 3 册，第 3080 页下栏。

引用常用基本典籍，不涉及内容争议的，可以省略出版信息。例如：

《论语·述而篇》

44. 台湾文献的出版信息

引用我国台湾地区的文献应当遵守"一个中国"原则，一般不使用"国立""中央"等字眼。例如，"《国立台湾大学法学论丛》"按惯例称为"《台大法学论丛》"。

台湾地区书籍的出版年份写公元年。台湾学者自己出版发行的图书，没有出版机构的，可以只标"自版发行"。例如：

陈敏：《行政法总论》，1998 年自版发行。

台湾地区期刊卷、期的标注方式从各期刊，年份用括号标明公元年。例如：

《台大法学论丛》第 47 卷第 4 期（2018 年）

《政大法学评论》第 132 期（2013 年）

E. 页码和章节

45. 页码

1）引用书籍或者论文特定部分的内容，应当标明页码；如果是概括提及书籍、论文整体，不标页码。例如：

瞿同祖：《中国法律与中国社会》，商务印书馆 2010 年版，第 5-30 页。

崔国斌：《知识产权法官造法批判》，载《中国法学》2006 年第 1 期，第 163 页。

2）古籍刻本的页码有两面的，可以进一步用 a、b 标明。例如：

姚际恒：《古今伪书考》卷三，光绪三年（1877 年）苏州文学山房活字本，第 9 页 a。

3）引用同一著作的几个内容互不连续的页码，用"、"隔开；内容连续的页码（包括连续两页），用短横线"-"连接。页码数字置于"第"和"页"中间，"第"和"页"只写一次。例如：

［德］哈特穆特·毛雷尔：《行政法总论》，高家伟译，法律出版社 2000 年版，第 55、64-68 页。

46. 章节

标示页码，一般写起始页和结束页。必要时，可以在页码后括注提示相应内容。例如：

《中国大百科全书·法学》，大百科全书出版社 1984 年，第 81 页（"法的解释"条）

在一些场合下，引用书籍特定章节更加明白的，可以只标明章节序号和名称，不写页码。例如：

《圣经·出埃及记》，20:3。

《元典章》卷一九《户部五·田宅·家财》，"过房子与庶子 分家财"条。

应松年主编：《当代中国行政法》，人民出版社 2018 年版，第二章"行政法的渊源"。

（二）引用网络、电视和音像制品

47. 引用网络电视文献的原则

引用网络电视文献应当谨慎。

如果文章已在纸质出版物上发表，原则上应引用纸质出版物上发表的文章；纸质出版物未刊载，又确有必要的，可以引用互联网上的文献或者广播电视节目。

纸质出版物曾经刊载但查阅不到的，可以转引互联网上的文献，但应注明转引。纸质出版物曾经刊载但读者不易查阅的，可以同时提供互联网上的文献。

如果多个网站都有该文献，原则上应当引用最初发表的文献；最初发表情况难以确认的，可以引用比较权威、稳定的网站上的文献。

除非绝对必要，不引用已经消失的网页。万不得已而引用的，应当提供该网页曾经存在的证据，并如实说明该网页现已不存。

48. 引用网络文献

引用互联网上的文献，引领词、作者、文章名参照前述做法。在作者和文章名之后，标明网站名称、上传日期和网页地址。基本格式为：

汪波：《哈尔滨市政法机关正对"宝马案"认真调查复查》，载人民网 2004 年 1 月 10 日，http://www.people.com.cn/GB/shehui/1062/2289764.html。

1）作者

来源信息没有作者，引注时省略作者。例如：

《国务院同意部分城市进行对个人住房征收房产税改革试点》，载新华网，http://news.xinhuanet.com/2011-01/27/c_121032896.htm。

2）上传日期

引用互联网文献，应当在网站名称之后、网页链接之前，注明该文献的上传日期。例如：

任重远：《镇坪强制引产事件终结 当事人获七万余元补助》，载财新网 2012 年 7 月 11 日，http://china.caixin.com/2012-07-11/100409832.html。

如果网页地址中已经标明了上传日期，可以不重复标明。例如，前述信息可以写作：

任重远：《镇坪强制引产事件终结　当事人获七万余元补助》，载财新网，http://china.caixin.com/2012-07-11/100409832.html。

网页没有显示上传日期，或者上传日期对于该文献没有意义的，引用时不标上传日期。

3）网页地址

网页地址一般采用 http:// 格式，链接信息一般不分行。

4）访问日期

引用互联网文献，一般不要求注明"访问日期"。网页没有显示上传日期的，引用时可以标注最后访问日期；涉及动态页面，访问日期对查询结果有直接影响的，应当注明访问日期。访问日期写在网址之后。例如：

法国行政法院网站，http://english.conseil-etat.fr/Judging，2016 年 12 月 18 日访问。

"已结束征求意见的法律草案"栏目，载中国人大网，http://www.npc.gov.cn/npc/flcazqyj/node_8195_2.htm，2016 年 11 月 19 日访问。

49. 引用个人博客、微信公众号

引用个人博客、微信公众号等自媒体，应当非常谨慎。没有特别需要，不宜引用；原则上，只限于引用原创文章。

1）引用个人博客上的文章，应当标明博客名称、上传日期和网页地址。例如：

黄晓磊：《再说博客文章被正式引用》，载科学网博客，2012 年 3 月 23 日，http://blog.sciencenet.cn/blog-111883-550928.html。

2）引用微信公众号上的文章，应当标明微信公众号名称和上传日期。例如：

赵耀彤：《一名基层法官眼里好律师的样子》，载微信公众号"中国法律评论"，2018 年 12 月 1 日。

50. 引用电视节目

引用电视节目，应当标明电视台和电视栏目名称、播出时间；必要时，可以标明节目主持人姓名；可能的话，标明该电视节目在互联网上的链接。例如：

《上海袭警案再反思》，中央电视台《新闻1-1》2008年7月17日播出，http://vsearch.cctv.com/plgs_play-CCTVNEWSprog_20080716_6386507.html 。

51. 引用音像制品

引用CD、DVD等介质的音像制品，应当标明其名称、制作单位和发行时间。

（三）引用未发表文献

引用未发表文献应当特别谨慎。除了考虑论证的需要和文献本身的可信度，还要考虑文献的私密程度和当事人的处境，避免给当事人造成伤害。

52. 引用访谈

访谈应当事先获得对方同意。引用访谈，应当标明访谈的时间、地点或者方式。例如：

笔者与×××访谈，2000年3月22日，《最高人民法院公报》编辑部。

笔者电话访谈，2001年3月8日。

53. 引用私人通讯

引用私人通讯原则上应获得对方同意，并标明通讯方式和通讯时间。例如：
微信公众号的链接过长，不建议标注链接。[6]

---

[6] 以上述文章为例，其链接是：

https://mp.weixin.qq.com/s?__biz=MzA5NDI0MzgyMA==&mid=2651884643&idx=1&sn=15974c37c3b47d7c d6f9bd1701637556&chksm=8bb5b2e0bcc23bf68b2977e08b886bf9b2ba54be084f461ac0b7039514c79fcc03b6 7c214689&scene=0&key=0061820b7e211c2752436529baafa7e8216585fd1c90fa5fbc4a590cde3116651e9766 983f3002fe04e2d3c7c26218482e2842c7a3d915ff8759d5dba3b4146eafe40f09a6a173329f5849a55d2f6bd3&a scene=1&uin=MTQ2MjMxNDk2Mg%3D%3D&devicetype=Windows+10&version=62060739&lang=zh_CN&pass _ticket=Qr0cX6LB%2FUHoeuQpsNGXNc9XD9XZgwzM1N4L0%2Fo051MtjXwzlBLBTzLiXNiiSZic。

54. 引用内部资料

引用未发表工作报告、调研报告或者口头讲话，原则上应征得当事人同意（不涉及秘密的官方报告和会议讨论除外），并适当注明文献产生、保管或者公开之时间、地点和方式。例如：

上海市浦东新区人民法院行政庭：《2001 年行政庭工作总结》。

全国人大法工委行政诉讼法修改座谈会，2009 年 1 月 21 日，河南大厦（北京）。

55. 引用会议论文

引用未发表的会议论文，一般应当经作者同意。如果会议论文明确要求"请勿援引"，则不应援引，除非得到作者特别许可。

引用会议论文，应当注明会议名称、时间、地点等会议信息；持续举行的年会，时间、地点可以从略。例如：

贺卫方：《法律职业共同体的建构》，西北政法学院法学研究所"法律方法与法律思维"学术研讨会论文，2001 年 9 月 22-23 日于西安。

何海波：《行政诉讼受案范围：一页司法权的实践史》，中国行政法学会 2001 年年会论文。

如果相关文献已经发表的，应当引用发表后的文献。是否已经发表，引用者有义务做一番检索；如果能够联系并询问被引文献的作者，则是最安全的。事实上，上述两篇论文均已于 2002 年在刊物上发表，不应再作为会议论文引用（除非是专门讨论会议相关主题）。

56. 引用学位论文

引用已公开的学位论文，无需经过作者同意。该学位论文已经发表或者修改后发表的，一般应当引用发表后的文献。引用时，应当标明作者毕业的学术单位、年份和学位层级。引用论文特定部分的内容，应当标明页码或者章节。例如：

李松锋：《游走在上帝与凯撒之间：美国宪法第一修正案中的政教关系研究》，中国政法大学 2015 年博士学位论文。

57. 引用档案文献

引用档案文献，需标明文献名称、形成时间、保管机构、档案编号。例如：

雷经天：《关于边区司法工作检查情形》（1943 年 9 月 3 日），陕西省档案馆藏陕甘宁边区高等法院档案，档案号 15/149。

（四）引用法律文件

58. 法律文件的名称

1）法律文件名称应加书名号。

2）法律文件的"试行""草案"，以及刑法修正案的序号，应当视为法律文件名称的一部分，括注于书名号内。例如：

《中华人民共和国民事诉讼法（试行）》，或者《民事诉讼法（试行）》

《中华人民共和国刑法修正案（十）》，或者《刑法修正案（十）》

59. 法律文件名称的缩写

在不引起误解的情况下，法律文件名称中的"中华人民共和国"可以省略，无需特别说明。例如，《中华人民共和国治安管理处罚法》略写为"《治安管理处罚法》"。但文件名称中引用的其他文件的名称，不略写。例如，《最高人民法院关于适用〈中华人民共和国刑事诉讼法〉的解释》不略写为"《最高人民法院关于适用〈刑事诉讼法〉的解释》"。

法律文件名称较长，文中需要反复提及的，可以使用业内通行的缩略语；缩略语仍加书名号。使用缩略语的，必须在该文件第一次出玑时予以说明，"以下简称《××法》"。

使用缩略语应当兼顾行文简省和表述自然。通常情况下，不建议使用过分简略的用法。例如，把《治安管理处罚法》说成"处罚法""治管法"，把《民法总则》说成"民总"。

60. 法律文本的版本

1）引用经过修改的法律文件，应当注明所引版本的制定、修改年份，除非正文已经交代或者根据情境不难判断。例如：

《公司法》（2005 年修订）第 16 条。

《公司法》（2013 年修正）第 36 条。

2）引用已经失效的法律文件，应当予以注明，除非正文已经交代或者根据情境不难判断。例如：

《最高人民法院、最高人民检察院关于依法严惩破坏计划生育犯罪活动的通知》（已废止），法发〔1993〕36 号。

61. 法律文件的条款序数

1）为使行文简洁，法律文本的条、款、项序数采用阿拉伯数字，序数中的括号省略。例如：

《民法总则》第 27 条第 2 款第 3 项。

《行政诉讼法》（1989 年）第 54 条第 2 项第 3 目。

根据《刑法》第 64 条和《最高人民法院关于适用〈中华人民共和国刑事诉讼法〉的解释》第 138 条、第 139 条的规定，被告人非法占有、处置被害人财产的，应当依法予以追缴或者责令退赔。

2）原文引用法律文本的，条、款、项、目的序数一般从原文。即，条、款序数一般用汉字，项的序数用汉字加括号，目的序数用阿拉伯数字。例如：

《民法总则》第二十七条第二款第（三）项。

《行政诉讼法》（1989 年）第五十四条第（二）项第 3 目。

3）在任何情况下，法律文件名称中的条款序数不得改为阿拉伯数字。例如：

《最高人民法院关于适用刑法第六十四条有关问题的批复》

《全国人民代表大会常务委员会关于〈中华人民共和国民法通则〉第九十九条第一款、〈中华人民共和国婚姻法〉第二十二条的解释》

62. 法律条文的排版

法律条文包含多个款项，需要完整引用原文并且需要突出内容的，可以将相关款项单独排列、分行分段。一般情况下，法律条文各款之间可以不分段，用两个字符的空格代替；各项之间不分行，也不用空格。例如：

《中华人民共和国宪法》第 13 条规定："公民的合法的私有财产不受侵犯。国家依照法律规定保护公民的私有财产权和继承权。 国家为了公共利益的需要，可以依照法律规定对公民的私有财产实行征收或者征用并给予补偿。"

《刑法》第 54 条规定："剥夺政治权利是剥夺下列权利：（一）选举权和被选举权；（二）言论、出版、集会、结社、游行、示威自由的权利；（三）担任国家机关职务的权利；（四）担任国有公司、企业、事业单位和人民团体领导职务的权利。"

除非必要，不大段引用法律条文原文。

63. 引用法律、法规、规章

1）援引最高立法机关的法律条文，一般只需提及该法的名称和条文序数，不必详细标明哪年哪月哪日由几届全国人大常委会几次会议通过、中华人民共和国主席令第几号发布、哪年哪月哪日起施行等信息，更不必标明载于哪个出版社的哪本书上。例如：

《行政处罚法》第 32 条。

2）引用全国人大及其常委会通过的法律性质的决定，应当标明决定机关、决定名称、决定时间和会议届次。例如：

《全国人民代表大会常务委员会关于严禁卖淫嫖娼的决定》，1991 年 9 月4 日第七届全国人大常委会第二十一次会议通过。

3）援引法规、规章的条文，参照法律。必要时，可以进一步标明该法规、规章的制定机关和年份。例如：

《中华人民共和国增值税条例（草案）》，1984 年 9 月 18 日国务院发布。

公安部《公安机关办理行政案件程序规定》（2006 年）。

64. 引用规范性文件

1）引用规范性文件，应当标明该文件的制定机关和文件号；必要时，进一步标明发布日期。文件号中的年份加六角括号〔〕。例如，

《国务院关于在全国建立农村最低生活保障制度的通知》，国发〔2007〕19号，2007年7月11日发布。

《最高人民法院关于适用〈中华人民共和国行政诉讼法〉的解释》（法释〔2018〕1号），第100条。

2）规范性文件的名称包括制定机关的，制定机关在书名号内；否则，制定机关放在书名号前。例如，国务院以"国发"文件的形式下发了《国务院关于印发打赢蓝天保卫战三年行动计划的通知》，《打赢蓝天保卫战三年行动计划》系该通知的附件。引用该行动计划时，可写：

国务院下发的《打赢蓝天保卫战三年行动计划》，国发〔2018〕22号。

3）文件号一般在文件名之后，用逗号分隔。文章叙述中提及规范性文件又需要标明文件号的，为保持行文顺畅，可以在文件名之后括注文件号。例如：

《国务院关于在全国建立农村最低生活保障制度的通知》（国发〔2007〕19号）明确要求，"2007年在全国建立农村最低生活保障制度"。

4）一些较早时期发布的规范性文件，读者难以查找的，最好进一步标明可供查阅的载体。例如：

《司法部关于人民法院在审理案件中如发现某单位在工作中存在缺点时不要用"个别裁定"应用"建议书"的批复》，〔56〕司普字第853号，载司法部编《中华人民共和国司法行政规章汇编（1949—1985）》，法律出版社1998年版，第646页。

65. 引用国家标准

引用国家标准，写明发布机关、名称和标准号；必要时，注明发布时间。例如：

国家质量监督检验检疫总局、中国国家标准化管理委员会《信息与文献 参考文献著录规则》，GB/T 7714-2015。

66. 引用立法说明

引用官方的立法说明，应当标明报告人、报告名称和报告场合；必要时，可以用括号标明报告人的身份。例如：

信春鹰（全国人大常委会法制工作委员会副主任）：《关于〈中华人民共和国行政诉讼法修正案（草案））的说明》，2013 年 12 月 23 日在第十二届全国人大常委会第六次会议上。

67. 引用会议决议

引用官方会议的决议，写明决议名称、决议机关和作出决议的时间。例如：

《中共中央关于全面推进依法治国若干重大问题的决定》，2014 年 10 月 23 日中国共产党第十八届中央委员会第四次全体会议通过。

68. 引用外国法律和国际公约

1）引用外国法律或者国际公约的中文版本，视情况加国别（国际组织）和年份。例如：

英国《1996 年仲裁法》

美国《统一买卖法》（1906 年），或者美国 1906 年《统一买卖法》

2）外国法律或者国际公约加书名号，约定俗成的简称除外。例如，《美利坚合众国宪法》第十四修正案，通常无需说明，直接表述为：

美国宪法第十四修正案

3）国别或者国际组织一般置于书名号之前，但国名或者国际组织名称是法律文件名称一部分的除外。例如：

美国《统一买卖法》，《法国民法典》

联合国《儿童权利公约》，《联合国海洋法公约》

4）引用外国法律或者国际公约的中文版本，必要时可以括注外文。例如：

《联合国海洋法公约》（United Nations Convention on the Law of the Sea）

5) 引用外国法律和国际公约的特定译本，一般应当注明译者和出版信息；引用国际公约的官方文本，不需要注明译者和出版信息。例如：

陈卫佐译注：《德国民法典》（第4版），法律出版社2015年版，第1408条"夫妻财产合同、契约自由"。

《美国法典·宪法行政法卷》，中国社会科学出版社1993年版，第276页（第554条"裁决"）。

联合国《儿童权利公约》第27条

6) 引用外国法律和国际公约，条文序号原则上用阿拉伯数字，款项依习惯用数字或者字母。外国法律增订条文"之一""之二"，不改为阿拉伯数字。

69. 引用台湾地区的法律文件

引用我国台湾地区的法律文件，应当根据情境注明"我国台湾地区"或者"台湾地区"。引用台湾地区的"宪法"以及其他涉及两岸关系、容易产生"两个中国"或者"一中一台"嫌疑的法律文件，必须打上引号；其他法律文件，使用引号或者做其他适当处理。例如：

台湾地区"民法"第12条规定："满二十岁为成年。"

驾驶人无过失及情节轻微之肇事逃逸案，"司法院大法官会议"释字第777号，2019年5月31日公布。

（五）引用司法案例

援引案例，优先考虑援引裁判文书。引用案例包括案例名称和案例来源；必要时，可以加上裁判时间。基本格式为：

包郑照诉苍南县人民政府强制拆除房屋案，浙江省高级人民法院（1988）浙法民上字7号民事判决书。

70. 案例名称

民事和行政案件的名称，格式为："×××（原告）诉×××（被告）××（案由）案"。刑事案件的名称，格式为："×××（被告人）×××（指控罪名）案"。必要时，可以加上审级说明，例如"×××上诉（再审）案件"。

根据上下文或者当事人信息可以推知案由的，案由可以省略。例如：

刘燕文诉北京大学学位评定委员会案

在前文有交代的情况下，案例名称可以用简称。简称一般用原告或者刑事被告人姓名，如"刘涌案""刘燕文案"。

案例名称一般不加引号。在叙述过程提及的广泛流传的非正式名称，加引号。例如：

"夹江打假案"

"许霆恶意取款案"

使用案例的非正式名称，应当避免给人造成误解。例如，被告人于欢因母亲遭人侮辱、愤而杀人，一些媒体称为"于欢辱母杀人案"，就是极不妥当的。

正文已经说明案例名称的，脚注不再重复。

71. 案件文号

1）裁判文书一般注明审判法院、文书名称和案号。审判法院用全名，案号中的年份加圆括号"（ ）"。例如：

北京市海淀区人民法院行政判决书，（1998）海行初字第 142 号。

2）案号一般置于文书名称之后，用逗号隔开。在有其他案件信息的情况下，为使表述更加紧凑，可以把案号置于审判法院和文书名称中间，不用逗号。例如：

田永诉北京科技大学案，北京市海淀区人民法院（1998）海行初字第 142 号行政判决书。

3）在现行的案号管理规定下[7]，法院数字代码开头的"0"，不能省略；原先案号中的"字"字，省略不写。实践中，有的法院案件编号开头带有多个"0"，

---

[7] 最高人民法院《关于人民法院案件案号的若干规定》，法〔2015〕137 号。

引用时可以不写"0"。例如，北京市海淀区法院（法院代字为"京0108"）2018年第00142号判决书，写作：

北京市海淀区人民法院民事判决书，（2018）京0108民初142号。

72. 案例来源

最高法院、最高检察院发布的指导性案例，一般只标注发布机关、指导性案例的序号，并用括号标注发布年份。例如：

荣宝英诉王阳、永诚财产保险股份有限公司江阴支公司机动车交通事故责任纠纷案，最高人民法院指导案例24号（2014年）。

《最高人民法院公报》上的案例，可以只援引《公报》，不再引用裁判文书（除非需要文本比较）。例如：

陆红霞诉南通市发展和改革委员会政府信息公开答复案，《最高人民法院公报》2015年第11期。

早期案例，读者比较难找的，可以同时提供相关出处；找不到裁判文书的，援引媒体报道。例如：

谢文彬诉广东省司法厅案，参见李桂茹、孔献之：《七旬律师被判可以执业〈律师法〉赢了司法部文件》，载《中国青年报》2003年6月4日，第7版。

宁德市大众影院诉宁德地区工商行政管理局行政处罚案，载最高人民法院中国应用法学研究所编：《人民法院案例选（1992-1999年合订本）·行政卷》，中国法制出版社2000年版，案例51。

73. 裁判时间

裁判时间一般无需标明。如果有必要的话，例如裁判年份与立案年份不一致或者讨论涉及裁判时点，可以标明裁判时间。裁判时间以裁判文书落款时间为准。例如：

榆林市凯奇莱能源投资有限公司诉陕西省地质矿产勘查开发局西安地质矿产勘查开发院合作勘查合同纠纷上诉案，最高人民法院（2011）民一终字第81号民事裁定书，2017年12月16日。

（六）引用统计数据

74. 应当标明出处的数据

除业内周知的事实外，统计数据应当标明出处。例如：

与每年400万到600万件涉及行政争议的信访案件相比，行政诉讼案件简直微不足道。[8] 与国外相比，中国的行政诉讼案件也是少得出奇：法国六千万人口，地方行政法院一年受理的案件也近20万；[9] 德国八千万人口，几套法院一年受理的各类行政性案件更是高达50万左右。[10]

通过作者自己调研、计算获得的数据，应该说明数据来源。

75. 引用统计数据的注意事项

统计数据的来源应当可靠，数据应当合理。对于不可靠的来源、不合理的数字，应当作出解释和评估。

同一篇文章的多个统计数据来源相同的，可以在导论正文或者第一次出现时概括介绍，以后不再一一叙明。

统计数据的精确程度，应当根据文章主题和数据质量而定。本来无法精确的事实，不必以貌似精确的数字来说明。例如，"在前述175个案例中，原告胜诉占11.82%"。由于样本偏小、代表性不足，这里精确到小数点后实际意义不大，小数点后第二位更是没有意义。

76. 统计数据的图表呈现

为更加直观地显示统计数据，可以使用图表。

图表应当与统计数据相符，力求直观和美观。

图表在正文中的位置，遵循"先文后图，图随文走，图文呼应"的原则。

图表应有标题。图的标题，位于图下；表的标题，位于表上。图表不止一幅时，应按顺序标明序号，序号使用阿拉伯数字。图表的序号之后空格（不加冒号），然后接续标题。

---

8 参见孙乾：《"民告官"信访案件年超400万件》，载《京华时报》2014年11月5日，第3版。

9 参见法国行政法院网站，http://english.conseil-etat.fr/Judging，2016年12月18日访问。

10 参见刘飞：《德国公法权利救济制度》，北京大学出版社2009年版，第69-70页。如果只看普通行政法院审理的一审案件数量，则只有20万件上下。

《法学引注手册》

起草说明

何海波

一、制作引注手册的目标

统一、细致、合用的引注体例是一个学科成熟的标志，也有助于该学科进一步发展。中国法学界在学术引注体例上做了很多探索，[1] 但离上述目标还有距离。

（一）统一引注体例是首要目标

目前法学著作的引注体例可以用五花八门来形容。不但高校学报和多数法学刊物的引注体例截然不同，在法学刊物和法学图书之间也存在许多差异。有学者比较了23家刊物的引注体例，发现"没有两家是完全相同的"[2]。细小的差异不必说了，许多大的方面也没有统一。例如，引用文章有的用书名号，有的用引号；文章的出处，要不要写个"载"字；书籍的出版信息要不要写月份、要不要加个"版"字；引用文章什么情况应当注明页码，以及页码怎么写。

缺乏规范、统一的体例，耗费了作者和编者大量的时间。作者无所适从，常常被迫改来改去。投一家刊物，就换一个体例；发论文时是一种体例，出书时又换一种体例。因为作者改得不到位，学术期刊和出版社的编辑们不得不再一一改过，大量精力浪费在这种琐细繁重的事务中。如能确立一个规范、统一的引注体例，应当是作者、编者和读者三方便利的大好事。

---

[1] 相关的讨论，参见慕槐（贺卫方）：《关于注释》，载《法学研究》1995 年第 2 期，后与其它几篇讨论学术写作与编辑的文章一起，收录于贺卫方：《法边馀墨》，法律出版社 2015 年版；肖永平：《中国法学研究的学术规范和注释规则》，载《法学评论》2002 年第 4 期；罗伟主编：《法律文献引证注释规范（建议稿）》（第 2 版），北京大学出版社 2013 年版；熊谋林、许林：《法学文献引证与注释体例的统一化》，载《法治现代化研究》2017 年第 4 期。法学以外更加宽泛的讨论，可参见杨玉圣、张保生主编：《学术规范读本》，河南大学出版社 2004 年版。

[2] 苗炎（《法制与社会发展》副主编），法学著作引注体例讨论会，2018 年 12 月 27 日于清华大学法学院。

（二）引注体例应当力求细致

目前多数引注体例，包括几个推荐性的国家标准和行业标准，内容都比较简略。简略的好处是容易"求同存异"，但它确实遮蔽了分歧，不能应对形形色色的问题。例如，引用学术文献时，作者怎么标注、页码如何标注？引用规范性文件和司法案例，又如何标注？引用外文，原则上"从该种文献的惯例"，但到底是什么样的惯例？引用互联网文献，是写上传日期还是访问日期？一些新出现的问题，更没有明确。引用连续出版物上的文章，要不要加"载"字、要不要写明主编和出版社？外文中的华人作者，是名在姓前还是姓在名前？这么多的具体情况，寥寥两三页纸是无法完全解答的。

目前国际上比较成熟的引注体例，篇幅都相当可观。例如，美国法学期刊界流行的《引注蓝皮书》（The Bluebook: A Uniform System of Citation），从最初的26页发展到今天的560页。[3] 因为不满Bluebook引注标准过于复杂而自创一套的《芝加哥大学法学引注手册》（The University of Chicago Manual of Legal Citation，又称Maroonbook），从最初的15页迅速扩展到今天的86页。[4] 英国法律界通用的牛津手册（Oxford Standard for Citation of Legal Authorities, 简称OSCOLA），到2012年第4版时也达到了61页。[5] 在中文学术圈，罗伟教授起草的《法律文献引证注释规范》也已达到一本书的规模。[6]

可见，引注体例要为作者和编者起到有用指引，必须抛弃"宜粗不宜细"的思想，在总结实践经验的基础上力求具体周详。

（三）引注体例应当合用

引注体例的许多具体问题是见仁见智、利弊互见的。但根本上讲，一个好的引注体例必须适应当代中国法学研究的实际需要。

首先，与其他学科相比，法学研究的显著特点是引注文献数量普遍较多，又

---

[3] See The Bluebook: A Uniform System of Citation (20th ed.), 2015. 电子版可以浏览 Bluebook 的官方网站，https://www.legalbluebook.com/Public/TOC.aspx。

[4] 参见《芝加哥大学法律评论》网站，https://lawreview.uchicago.edu/maroonbook，Volume 86 of the Maroonbook。波斯纳法官批评 Bluebook 的文章，参见 Richard A. Posner, *Goodbye to the Bluebook*, 53 University of Chicago Law Review 1343 (1986).

[5] 参见牛津大学法学院网站，https://www.law.ox.ac.uk/research-subject-groups/publications/oscola。

[6] 参见罗伟主编：《法律文献引证注释规范（建议稿）》（第 2 版），北京大学出版社 2013 年版。

经常涉及法律文件和法律案例。因为引注文献多，把引注内容一一排列在文章后面（即"文后注"），阅读时翻前倒后，很不方便。又因为涉及法律文件和法律案例，在一些学科流行的文后列举参考文献、正文括注作者和页码的格式，在法学写作中造成又是文后注、又是页下注，极不方便。由于这些特点，法学引注独具一格是自然的事情。许多国家的法学著作都形成了自己的引注体例。[7]

其次，法学研究的国别色彩向来鲜明。国外的引用体例未必适合中文著作，无法简单移植；即使拿它引用英文文献，对绝大多数中国作者和编者仍然太过复杂。以美国法学刊物流行的Bluebook为例，在一个时期，Bluebook要求文章名加引号，这套用于中文文献就不纯正；新版的Bluebook改变了规则，包括引入小型大写字母，这些规则对中国作者、编者和读者可能都不方便。所以，还是要从中国法学的实际情况出发，制定一套自己的规则。

最后，对于学术研究来说，互联网和数据库已经成为"当代"的一个主要特征。大量文献发表在互联网上，甚至个人博客、微信公号上也有不少有价值的原创文章，完全禁用互联网上的文献是行不通的。同时，海量文献收录在数据库里。在互联网和数据库上检索文献，是许多作者的第一选择。是否要像以前那样一一标注出版社地点、文章页码，也值得斟酌。但是，互联网上的文章鱼龙混杂，数据库也还不能让人完全放心，如何引用特别需要规范。

综上，中国法学写作和出版中的引注体例亟需统一，而引注体例的统一必须建立在细致、合用的基础上。

二、引注手册的起草过程

统一引注体例大家都觉得是好事，却一直未能实现，问题很可能出在没有一个合理的路径和合适的步骤。本引注手册的起草试图在这方面做一些探索。

（一）统一引注体例的路径设想

统一引注体例这事由出版单位各自为政不行，由一个机构发布规则强行统一也不行；一开始参与的机构太少不行，太多也不容易。我们初步设想，由几家法

---

[7] 相关介绍，参见罗伟：《美、英、日、韩法律引注体系简介及统一中国法律引注体系的几点建议》，《法律文献信息与研究》2006年第4期；[英]柯林·内维尔：《学术引注规范指南》，张瑜译，上海教育出版社

律出版单位联合制定、学术团体倡导使用、定期修改、逐步统一。

首先，拟由几家主要法学刊物和主要的法律图书出版机构作为发起单位，派人组成一个起草小组。起草小组开会讨论，在"求同去异"的基础上制定出一个相对具体周详的引注体例。

其次，倡导使用。讨论确定的引注体例公开发布，发起单位首先使用，欢迎其他学术刊物和出版机构采用。

最后，定期修改。引注体例以发起单位的名义联合出版，定期修改。各发起单位派人组成工作小组讨论修改，经发起单位同意的其他机构也可以派人参与讨论。

（二）引注手册的起草过程

这份引注手册参考了多个出版单位的引注体例，它的起草是众多学者、编辑共同参与、集体讨论的过程。

引注手册讨论稿的初稿由何海波（负责中、英文文献）、冯术杰（负责法语文献）、王钢（负责德语文献）和龙俊（负责日语文献）拟写，何海波统稿。初稿写成后，陈天昊审读了法语文献，做了少量增补；王天华审读了日语文献；陈卫佐通读全文，提了多处意见。汤欣、屠凯也贡献了意见。该稿经车丕照主编决定，在《清华法学》试用。讨论稿初稿曾在微信群里发布，朱芒、王贵松、易明群、朱明哲、马剑银、谭冰霖、江溯、彭錞、蒋浩等多位学者、编辑提出了宝贵意见。

2018 年 12 月 24 日，多家刊物和出版社在清华大学法学院举行"法学著作引注体例讨论会"，《中国法学》《中外法学》《法学研究》《法学家》《法学评论》《法制与社会发展》《现代法学》《清华法学》等刊物和北京大学出版社、法律出版社的负责人员参加了会议。会议对统一注释体例的必要性、路线图和工作安排达成了基本共识。与会人员还在《中国法学》总编辑张新宝的主持下，对《法学著作引注体例（讨论稿）》进行了具体讨论。[8] 会后，何海波综合讨论中提出的意见，对讨论稿做了修改。

2019 年 4 月 13 日，上述单位组成的工作小组再次在清华大学法学院举行会

---

8 与会人员有：《中国法学》总编辑张新宝、《清华法学》主编车丕照、《中外法学》主编王锡锌、《现代法学》主编许明月、《法学研究》副主编谢海定、《法学家》副主编尤陈俊、《法学评论》副主编江国华、《法制与社会发展》副主编苗炎、《环球法律评论》副主编田夫、北京大学出版社副总编辑蒋浩、法律出版社编校部主任班运华、《中国法学》编辑王莉萍和任彦、《法学研究》编辑李曼、《中外法学》编辑高薇，及《清

议，对修改后的《法学著作引注体例（讨论稿）》进行整整一天的讨论。讨论涉及引注体例的一般规范以及中英文引注体例。[9] 事后，中国法制出版社的马颖女士和中国政法大学出版社的余娟女士反馈了各自单位对讨论稿的意见。《中外法学》的高薇编辑对德语引注体例做了一点增补。在这些意见的基础上，对讨论稿的内容和编排再次做了修改。修改后的引注体例，名称改为《法学引注手册》，条文从 69 条增加到 98 条。

2019 年 8 月 20 日，在云南昆明举行的中国法学会法学期刊研究会年会印发了《法学引注手册（审议稿）》；应法学期刊研究会指派，何海波在会上就审议稿做了说明。在会议前后，《中国法学》的编辑任彦校对了审议稿并提出许多意见，《华东政法大学学报》马长山主编、知识产权出版社庞从容副编审就审议稿提出了详细意见，《中国法律评论》执行主编袁方、人民法院出版社总编辑助理韦钦平、中国检察出版社李健副编审也提了具体的意见。

2019 年 10 月 14 日，遵法学期刊研究会张新宝会长意见，引注手册的拟定稿送呈共同制定单位最后审阅。在反馈意见基础上做少量技术性修改后，于 10 月 29 日定稿。

引注体例的起草，还得到诸多人士的支持和帮助。圣路易斯华盛顿大学法学院的罗伟教授表示了支持，清华法学院聂鑫、李平等多位学者提供了具体的帮助。

三、引注手册的基本内容

（一）引注手册的主要方面

引注手册着重总结引注文献的格式。著作正文、文后参考文献，以及解释性的注释，基本没有涉及。

引注手册讨论了引注的基本要求、引注的一般格式以及与引注有关的论文部件，作为引注的一般规范。

中文引注体例按照引注文献的性质分别介绍，依次为纸质出版文献、网络电视文献、未发表文献、法律文件、司法案例和统计数据。

考虑到中国法学著作中引用外文文献相当频繁，引注手册用较多的篇幅列明

---

[9] 与会人员有：《中国法学》总编辑张新宝和编辑任彦、《中外法学》副主编车浩和编辑高薇、《法学家》副主编尤陈俊、《法学评论》副主编江国华、《法制与社会发展》副主编苗炎、北京大学出版社副总编辑蒋浩、法律出版社编校部主任班运华及《清华法学》副主编何海波。

了英、法、德、日四种文献的常用引注体例。

（二）学术引用的伦理原则

引注手册明确了学术引用的几个伦理原则，分别涉及"什么地方需要引用""引用什么文献""如何标注文献信息"三个问题。

一是使用引注应当必要而适度。引注是文章的辅助部分，是正文的补充。涉及学术观点、法律文件、事件、案例、统计数据等，需要交代出处而又不便在正文中叙明的，才予以注明。应当避免繁琐引注，谨慎使用外文夹注，尽量避免一句多注或者连续一句一注，以防干扰正文阅读。学术写作应当尊重前人的智力成果，但提倡使用作者自己的话来论述。一般的意思无需引用，直接引用宜谨慎使用；没有必要，不大段引用原文。

二是应当引用真实可靠、内容相关、权威稳定的文献。作者应当对文献引用承担首要责任，不得引用未经查核的文献，不得歪曲他人观点。引用文献的选择上，中文优先、纸质优先、原创优先。相关外国文献有中文译本的，原则上引用中文译本，或者在引用外文文献时提示中文译本。有纸质出版文献的，不引用网络、电视资料，尤其是"百度百科"等有待查核的资料。有多个相关文献的，一般引用最初文献，不引用网络或者其他介质转载的文献，包括新浪、搜狐等门户网站和各种文摘。慎用转引，作者有条件查找和阅读原初文献的，有义务查找并引用原初文献。

三是保证引注信息准确、完整，力求简洁、流畅。已出版文献的作者、名称和出版信息，原则上从原文原著，具体根据版权信息而定。原文原著的名称包含多个部分的，原则上应当全文引用，不省略。在保证基本信息完整的前提下，引注信息尽可能简洁、流畅，符合中文阅读习惯。引用外文文献，需要照顾中国读者的知识结构，慎用简称；一般不做翻译，直接使用外文，必要时可加以解释或者评注。

（三）引注体例的编排方式

为方便查阅和引用，本引注手册参考中国法律的通常写法，分级编排、以条为主，条文序数用阿拉伯数字连续编码。除了各部分的一般性规范，原则上，一条规定对应一种文献。中文纸质出版文献情况复杂，则按作者、文献名称、其他贡献者、出版信息、页码和章节等项目编排。

四、起草引注手册的方针

为最大程度地实现统一、细致、合用的目标，引注手册的起草采取的方针是：遵守法律，遵循惯例，尊重作者和编者。

（一）遵守法律

与引注体例相关的法律，主要有《国家语言文字法》以及出版行业的相关法规。法律的强制性规定比较原则。与引注体例直接相关的，目前主要是三个国家标准和行业标准。

第一个是教育部办公厅2000年发布的《中国高等学校社会科学学报编排规范（修订版）》（教社政厅〔2000〕1号）。这份编排规范为部分高校学报所采用，形成特色鲜明的"学报体"。[10] "学报体"没有考虑法律文献引用的特殊性，与法学著作通用体例相去甚远，使用起来也不方便，没有为多数法学刊物和法律出版单位所接受。

第二个是国家标准化管理委员会2015年发布的《信息与文献 参考文献著录规则》（GB/T 7714-2015）。该规则所用的著录格式与"学报体"一致[11]，因为同样原因，在法律出版界较少采用。

第三个是国家新闻出版主管部门2015年以来发布的新闻出版行业系列标准，其中最为相关的是《学术出版规范 注释》（CY/T 121-2015）。该标准与法律出版的惯例比较接近，但个别地方仍有差异。例如，出版社与出版年之间用逗号分隔，主编作品的编者与书名之间不用冒号，编辑作品的副主编也写上。[12] 这几点

---

[10] 这里也举三个例子：

[4] 宋华琳. 行政基本法要在审慎中前行[N]. 法制晚报，2012-4-16(5).

[5] 林来梵, 刘义. 新中国宪法变迁的见证——读《中华人民共和国宪法史》[J]. 政法论坛，2005, (5):188-191.

[6] 瞿同祖. 中国法律与中国社会[M]. 北京：中华书局，1947.140.

[11] 这里举两个基本例子：

陈登原. 国史旧闻：第1卷[M]. 北京：中华书局，2000：29.

常森. 《五行》学说与《荀子》[J]. 北京大学学报(哲学社会科学版)，2013, 50 (1)：75.

[12] 例如：

周雪光：《组织社会学十讲》，社会科学文献出版社，2003，第216页。

陆学艺主编《当代中国社会结构》，社会科学文献出版社，2010。

在法律出版行业基本没有被采用。

依据《标准化法》，上述几个标准都属于推荐性质，不具有法律约束力。又依该法，只有事关"人身健康和生命财产安全、国家安全、生态环境安全以及满足经济社会管理基本需要的技术要求"，才应当制定强制性国家标准。可见，法律没有也不准备对引注体例作强制、统一的规定。由出版单位联合制定特定领域所需要的引注体例，并由学术团体倡导使用，完全符合法律精神。

（二）遵循惯例

统一引注格式是本引注手册的首要考虑，遵循惯例则是统一引注体例的最好路径。惯例越清晰稳定，越应当遵循。已经形成稳定惯例的，没有十分必要，不做更改。是否形成惯例，以主要法学期刊和法律图书出版机构的做法为参照，结合这种做法的时间长短来确定。例如，规范性文件的年份用六角括号〔 〕、裁判文书的年份用圆括号（ ），已经约定俗成，从习惯。

遵循惯例最大的问题是，在多大程度上已经形成惯例，以及我们在多大程度上愿意为了其他目的而牺牲惯例。在讨论过程中多位编辑提出，所有析出文献，包括引用期刊、报纸、文集和互联网上的文章，都应当写明"载"。查阅国内主要刊物，目前只有《中国法学》《现代法学》等少数刊物和法律出版社采用这种体例。但析出文献一律加"载"，确实有规则简明统一、文词连贯的好处。而期刊前面不加"载"是相对晚近的做法，还没有形成稳定的惯例。我们考虑改变多数刊物的做法，要求所有析出文献后加"载"字。

出于遵循惯例的考虑，每个人不得不放弃一些个人认为合理的改进建议。例如，依笔者个人看法，在作者和著作名称之间的冒号可以省略，因为著作名称已经有书名号间隔。我在一些场合表达过这个想法，也曾经在一些著作中使用过这个格式[13]。但是，这种做法还难以为多数人所认同，显然无法以此统一格式。又如，出版信息（××出版社××年）之后的"版"字，似乎是冗余的。但它在法律出版行业已经约定俗成，很难改动。英文引注中的小型大写字母很好看，但中国学界普遍陌生，暂时无法引入。

（三）尊重作者、编者和读者

统一引注体例归根到底是为了便利作者、编者和读者。在追求规范、统一的

13　何海波：《法学论文写作》，北京大学出版社2014年版，尤其是第239页。

同时，需要考虑文献的多样性，给各种复杂情况留有余地，防止禁锢今后的发展。为此，引注体例尽量尊重作者、刊物和出版机构的偏好，不搞完全的"一刀切"。

1. 有些内容不做要求

例如，引注符号的标记，目前有的用圆圈，有的用六角括号，有的只写阿拉伯数字，不同作者和出版机构有不同偏好。而且，不同方式能够在电脑上迅速转换，差不多一键到位。因此，引注手册不做要求。再如，注释是采文章各篇、书籍各章连续编码还是每页重新编码，不同出版机构有不同偏好，而且这个问题在电脑上转换起来也比较容易。引注手册建议采用连续页码，但不做强制要求，出版社有不同偏好可以自己转换。又如，多次出现的文献，有的著作从第二次开始采用缩略写法。这种做法特别容易出错，引注手册提供了缩写方案但不作要求，更不建议作者投稿时采用缩略写法。

2. 较多使用"可以""必要时"等建议性措辞

引用学术刊物上的论文，如果涉及正文特定内容，应当注明页码；但如果整体提及全书全文，引用页码似乎没有必要。引注手册未做"一刀切"的规定。

引用规范性文件，引注手册要求标明该文件的制定机关和文件号，同时规定，"必要时，进一步标明发布或者施行日期"。在已经有制定机关和文件号的情况下，发布和施行日期不属于必需的部分，是否标明由作者根据情况决定。

引用外文文献，一般不做翻译，直接使用外文；必要时，可加以解释或者评注。相关外国文献有中文译本的，原则上引用中文译本，或者在引用外文文献时提示中文译本；中文译本已经过时、翻译质量不够理想或者有其他原因不适合引用的，可以不引中文译本。是否引用或者提示中文译本，由作者斟酌。翻译作品有校对者，是否必须写明，难以统一。我们建议作者"可以视情况写明校对者"。作者没有写明的，一般不要求补加。

3. 容许各出版机构做适当保留

参与引注体例联盟的各个出版机构原则上应当整体接受讨论确定的引注体例，但使用中发现有不合适之处，各单位可以斟酌处理。出版社在出版特定图书时，也可以根据作者和编者的意见做适当改变。当然，无论如何，每一期刊物、每一本书的引注体例必须是统一的。

五、引注信息的编排原则

引注信息的编排是引注手册的核心内容。本手册关于引注信息的基本原则是，在保证提供引证文献必要信息的同时，力求文字简省、表述自然、便利输入。

（一）必要信息

1．"编""主编"。编著、集合作品不同于专著，写明"编""主编"是必要的。引注信息的主要功能是方便读者查核，不是记录参与者的版权和贡献。所以，"副主编"不是必要信息，不建议写；翻译作品的校对者，也不要求写。

2．出版地址。以前信息不便，写明出版社所在城市是必要的。但在互联网时代，这一点已属多余。尤其在中国，出版社数量有限，其所在城市也广为知悉，再写地址纯属多余。

3．出版月份。写明出版年份主要是为了帮助辨析书的版本。一本书一年之内出两版的情况比较罕见，写明月份没有必要。

4．刊物的卷次与期数。中国的刊物习惯上写"××年第×期"，简单明了。"总第×期"不利于了解出版年份，查找起来也不方便。一些刊物采取卷次或者卷辑（多为一年一卷，可能分几辑，连续编码），本手册尊重刊物的编排方式，但要求括注年份。

5．网络文献访问日期。许多刊物借鉴国外做法，要求网络文献写明访问日期或者最后访问日期。这本来是为了防止网络文章丢失而设计的措施，但实际上对于读者意义不大，也无法让作者承担责任。[14] 而网络文献的上传时间，就像报纸期刊的出版时间，是更有用的信息。所以，原则上要求写明上传时间，上传时间不能获知的才考虑写访问时间。涉及动态页面，访问日期对查询结果有直接影响的，应当注明访问日期。

（二）文字简省

1．见、参见。原文引用的写"见"，否则写"参见"，这似乎已经约定俗成。但实际上，是原文引用还是概括引用通过正文就能辨析（原文引用带引号），不必要求在注释中一律写"见"或者"参见"。

---

[14] 最新版的 Bluebook 也不再一般性地要求注明"最后访问日期"。参见 Bluebook (20th ed., 2015), Rule 18.2 "The Internet".

2．著。图书应当标明"编""主编"等文献性质，但创作作品，即作品内容原创并由作者（一人或多人）对作品整体负责的，姓名后省略"著"字。

3．文献名称中的冒号与破折号。文献标题包含副标题的，副标题之前有冒号有破折号。个人认为，冒号占地少，版面更干净，提倡用冒号。如果主标题带问号，冒号可以省略。在三重标题的情况下（不过不提倡），先冒号，后破折号。

4．网络文献的上传和访问时间。网络文献的上传时间，一般只写上传日期，不写几点几分，也不写"上传""推送"字样；网络文献需要写明访问日期的，标注哪年哪月哪日"访问"即可，不写作"最后访问日期"。

5．规范性文件的文号。规范性文件的文件号在文件名之后，一般用逗号分隔。这主要是考虑逗号比括号更简省，更便利输入。

6．省略的写法。同一文献重复出现的，再次出现时可以省略部分信息。常用基本典籍、官修大型典籍以及书名包含作者姓名的文集，可以省略作者。报纸标题包含引题或者副题，内容特别冗长的，可以省略引题或者副题。引用常用基本典籍，不涉及内容争议的，可以省略出版信息。

（三）表述自然

1．"拙文""拙著"。引用作者自己的著作，不用"拙文""拙著"等谦称。直呼作者姓名更加自然、统一，也便利匿名评审。

2．文献名称。文章名加书名号是规范的中文表达，用引号不是规范的中文表达。文章名加引号仿自英文文献，但现在英文引注的 Bluebook 都已经不用引号了。

3．英文文献的作者。英文名字，名在前、姓在后，首字母大写。姓在前、名在后、中间加逗号（如"Reich, Charles A."），是列举参考文献时的通常写法，不是自然表述，不宜用于注释。华人作者的署名，原则上尊重作者在文章中的写法。姓在前、名在后的，姓氏采用大写字母或者小型大写字母。例如，张力写作 ZHANG Li 或者 ZHANG Li。名字有两个字的，两个字的拼音合写为一个单词。例如，何海波写 HE Haibo，不写 He Hai Bo。

4．主要作者以外的其他贡献者（例如翻译者、整理者、校对者）的姓名置于书名之后，这一点也已经约定俗成了。

5．第×页。有的文献写"页×"，也是从英文"p.×"学来的，在中文中不够自然。

6. 允许适当变换表达方式。举个例子，前面提到文件号一般在文件名之后，用逗号分隔。但如果在文章叙述中提及规范性文件的，为保持行文顺畅，可以在文件名之后括注文件号。例如：《国务院关于在全国建立农村最低生活保障制度的通知》（国发〔2007〕19号）明确要求，"2007年在全国建立农村最低生活保障制度"。司法文书的案号也可以做类似处理。

（四）便利输入

1. 页码之间的波浪号，用短横线代替。所引文献涉及多个连续页码的，页码之间有的出版社用波浪号。但波浪号不方便输入，用短横线更便利。

2. "参见前注"。前后相互参引，特别容易出错。所以，在作者投稿或者交稿时，不要求写参见前注。

3. 括号的用法。引用外国文献的中文翻译，有的文献在作者姓名之前用六角括号〔〕注明国籍。六角括号比较美观，但在目前的键盘中不便输入，所以只要求用方括号[ ]。

4. 小型大写字母。英文学术文献曾经有使用小型大写字母的建议，但因为不方便输入、照排和阅读，最后基本上放弃。目前只有涉及华人姓氏时，可以使用小型大写字母，但也不作要求。

六、几个事项的特别说明

（一）载

目前的较常见的做法是，引用文集和连续出版物上的文章，出版信息前加"载"字；引用期刊、报纸文章，出版信息前不加"载"字；引用互联网上的文章，尚无通行规则。由于规则不尽一致，作者比较困扰。本手册将此统一为：析出文献，包括期刊、报纸、书籍和互联网上的文章，在期刊、报纸、书籍、网站名称前均加"载"字。

（二）版

目前，图书的修订版、再版，多数在出版机构和出版年份后写"修订版""第×版"；第一次出版的，通常也在出版机构和出版年份后加"版"字。讨论中大家认为，"修订版""第×版"紧随书名比较符合认知习惯。为此，引注手册把"修订版""第×版"等信息用括号置于书名之后，初版的不另标明。出版机构和出版年份后是否再加"版"字，在讨论中有不同看法。有人提出，前面有"修订版""第×版"的，后面再加"版"字完全重复；前面没有"修订版""第×版"的，"版"字也是冗余。但多数参与讨论的人认为，出版年后加"版"已成惯例，不宜更改。本手册姑且维持通常做法。

（三）纸质出版文献的页码

现在文章大都比较长，书籍就更不必说了，不标明页码不好查找。为此，引注手册原则上要求，引用期刊文章、书籍等纸质文献应当标明页码。但有几种情形例外：一是整体引用书籍不标页码，整体引用文章也可以不标页码；二是，如果有其他更加清晰的标示方法，可以用其他方法，例如标注书籍的某一章。标示页码的主要目的是便利读者查找，对查找文献没有意义的信息无需标示。同时，在可能的情况下，也需要考虑减轻作者和编者的负担。

（四）法律条文序数是否用阿码

法律条文的序数，官方文件多用汉字，项带括号，目用阿拉伯数字。用汉字写序数，庄重有余，简洁不足。特别是连续引用法律条文的情况下，动辄上百条的条文序数显得过于冗繁。而且，又汉字又括号又阿拉伯数字，处理起来也有些复杂。学术文章的文字表达，简洁为美。实践中，条文序数写成阿拉伯数字也是广为接受的。为此，引注手册努力兼顾不同需求：为行文简洁起见，允许作者改用阿拉伯数字；原文引用的，原则上从原文，即条、款、项序数用汉字，目用阿拉伯数字；引用法律文件标题的，在任何情况下都不改成阿拉伯数字。

（五）英文引注体例

英文文献的引注体例非常复杂。英国法律界有通用的牛津手册（OSCOLA），比较好办。美国的，我们原先打算参考美国法学期刊流行的引注蓝皮书（The Bluebook）。我们发现，最新一版的 Bluebook (20ᵗʰ, 2015)与以往相比改动较大。最大的改动可能在于，报纸、杂志、书籍名称采用小型大写字母。所谓"小型大写字母", 就是全部字母大写, 但每个单词首字母字形大一些, 后面字母小一点。[15]
使用小型大写字母比全部大写美观, 作为报纸杂志书籍名称也好识别。但是,
中国作者对小型大写字母普遍比较陌生, 中文照排系统目前也没有相应的软件处
理小型大写字母, 多数读者阅读英文大写字母还有障碍。此外, 美国期刊卷次和
页码的标示方式与我们的阅读习惯也有距离。为此, 我们放弃追随蓝皮书的想法,
在中文期刊熟悉的英文引注体例基础上加以调整和统一。

引用英文学术文献, 我们采用的方式是: 1) 作为直接引用对象的文献, 不管
是期刊、报纸、网络文章还是书籍, 都采用首字母大写, 斜体; 期刊名、报纸名
和文献来源的书籍名称, 首字母大写, 不用斜体。2) 为便利中国读者认知, 报
纸杂志名称不采用缩写 (如"AM. J. COMP. L."), 期刊的出版信息允许采取期刊名后
跟期刊卷数、页码和年份的方式; 3) 为避免混淆, 对华人学者姓名的写法作特
殊规定, 即姓在前、名在后的, 姓氏采用大写字母或者小型大写字母。

(六) 本引注体例的名称

引注手册讨论稿曾经使用"法学著作引注体例"的名称, 后改为"法学引注
手册"。改名的主要原因是: 讨论中, 大家对于"著作"一词有不同理解, 又没
有更好的词可以概括期刊论文、学位论文、书籍等不同形式的学术作品, 决定舍
弃"著作"二字, 而直接说"法学引注"。"法学引注"比较简略, 使用有先例,
读者也不难理解。例如, 罗伟教授在介绍《芝加哥大学法学引注手册》时, 就使
用这个说法; 我国台湾地区也曾有《华文法学引注格式统一》的报告。[16] 改"体
例"为"手册", 主要是"手册"一说更加明了, 也更加符合我们对它功能的期
待。我们希望为作者和编者提供一个简便实用的引注指南, "一册在手, 引注不
愁"。我们也希望在多家期刊和出版社联合行动的基础上, 形成一份符合当代中
国法学研究需要的规范统一的引注体例。

---

[15] 试举几例:

〔1〕 Charles A. Reich, *The New Property*, 73 YALE LAW JOURNAL 733 (1964).

〔2〕 Louis D. Brandeis, *What Publicity Can Do*, HARPER'S WEEKLY, Dec. 20, 1913, at 10.

〔3〕 William Alford, TO STEAL A BOOK IS AN ELEGANT OFFENSE: INTELLECTUAL PROPERTY LAW IN CHINESE CIVILIZATION, Stanford University Press, 1995, at 98.

[16] 参见罗伟:《美、英、日、韩法律引注体系简介及统一中国法律引注体系的几点建议》, 载《法律文献信息与研究》2006 年第 4 期, 第 40、45 页。

参考文献

[1]黄茂荣.法学方法与现代民法[M].北京:中国政法大学出版社,2001:473.

[2]梁慧星.法学学位论文写作方法[M].北京:法律出版社,2006:15.

[3]何海波.法学论文写作[M].北京:北京大学出版社,2014:20.

[4]严耕望.治史三书(增订版)[M].上海:上海人民出版社,2016:56.

[5]李连江.不发表,就出局[M].北京:中国政法大学出版社,2016:1.

[6]华东师范大学哲学系逻辑学教研室编.形式逻辑[M].5版.上海:华东师范大学出版社,2016:173-174.

[7]陈瑞华.论法学研究方法[M].北京:法律出版社,2017:263.

[8]中国社会科学院语言研究所词典编辑室编.现代汉语词典[M].7版.北京:商务印书馆,2018:1376.

[9]陈伟.西方政治思想史(上册)[M].北京:中国社会科学出版社,2020:37-38.

[10]法学引注手册编写组.法学引注手册[M].北京:北京大学出版社,2020.

[11]黑格尔.小逻辑[M].贺麟,译.北京:商务印书馆,1980:174.

[12]卡尔·波普尔.无尽的探索:卡尔·波普尔自传[M].邱仁宗,译.南京:江苏人民出版社,2000:90.

[13]英格博格·普珀.法学思维小学堂:法律人的6堂思维训练课[M].蔡圣伟,译.北京:北京大学出版社,2011:原著前言第1页.

[14]伯恩·魏德士.法理学[M].丁晓春,吴越,译.北京:法律出版社,2013:10、12.

[15]韦恩·C.布斯等.研究是一门艺术:撰写学位论文、调查报告、学术著作的权威指南[M].4版.何卫宁,译.北京:新华出版社,2021:194-195.

[16]刘洁民.论学术论文写作的选题原则[J].理论月刊,2008(5):129.

[17]张世明.论学术兴趣之于学术研究的价值[J].淮北师范大学学报(哲学社会科学版),2013(1):31.

[18]魏建国.法学研究如何学术:学术史方法的重申[J].北方法学,2014(2):125.

[19]谭波.中国合宪性审查的组织发掘与制度补强[J].西北大学学报(哲学社会科学版),2019(3):68-76.

[20]谭波.全面提高审判质效的制度供给与现实要求:基于全面落实司法责任制的考量[J].求是学刊,2020(1):113-123.

[21]谭波.我国地方政府疫情防控行为的合法性风险反思:以地方"授权决定"为切入点[J].北京行政学院学报,2020(3):18-27.

[22]谭波.权责统一:责任型法治政府建设的基本思路[J].西北大学学报(哲学社

会科学版),2020(4):168-178.

[23]谭波.党政合署办公后决策责任的定位与适用[J].党内法规理论研究,2021(2):91-109.

[24]谭波.习近平法治思想中的建设中国特色社会主义法治体系:以《法治中国建设规划(2020—2025年)》为切入[J].求是学刊,2021(4):25-33.

[25]谭波.海事行政"责令类"行为定性的规范审视[J].中国海商法研究,2022(1):93-101.

[26]孙正聿.理论思维:学术研究的"普照光"[J].学术月刊,2022(3):5.

[27]谭波,赵智.重大行政决策类规范性文件合法性审查研究[J].北京行政学院学报,2022(4):88-96.

[28]谭波.行政授权与行政委托:衍生性权力的法律规制[J].当代法学,2022(6):79-89.

[29]谭波.习近平法治思想的"治论"理念解读[J].求是学刊,2023(3):21-33.

[30]胡玉鸿.法学研究中的问题意识、基础能力与资料准备[J].法治社会,2023(3):90.

[31]谭波,赵智.论市场监管权与综合行政执法权之协调[J].西北大学学报(哲学社会科学版),2023(3):74-85.

[32]谭波,张增辉.论复合式行政行为的类型化及其法治改造[J].河南财经政法大学学报,2023(3):1-13.

[33]谭波.论《监察法》中的"有关人员":基于党和国家监督体系的统合需求[J].行政法学研究,2023(5):122-135.

[34]姚建宗.论法律工程范式[J].法制与社会发展,2024(1):53.

[35]谭波,张增辉.论"公职人员"对监察对象概念统合的纵深引领[J].河南财经政法大学学报,2024(1):1-12.

[36]周安平."问题":论文写作的灵魂[J].学位与研究生教育,2024(2):1-6.

[37]讲好中国历史 向世界传播中华优秀传统文化[EB/OL].(2023-07-12)[2024-03-07].https://baijiahao.baidu.com/s? id=1771164801091832980&wfr=spider&for=pc.

后 记

自 2004 年从教以来,我的教学生涯已将近二十年。二十年的风雨里,个人感受到成长,但也深知其中的不易,而这种不易又主要体现在以写作为主干的科研过程中。现在看到自己指导的学生尤其是研究生在写作中遇到的不易,就愈发觉得有必要将自己这些年积攒的一些所谓的"心得"传授给他们,暂且不论能不能帮上他们,只求能让他们少走弯路,便是我心安之处了。

当然,这里我要感谢的人还是在这些年教给我写作经验的诸位老师,莫纪宏老师欣然为本书作序,更让我有雪中送炭之感,受宠若惊。

这本小书最初源于我在一些场合所做讲解的材料汇集。之所以能达到现在的出版要求,主要还是我的博士研究生赵智在 2024 年初所做的一些文字编排工作,每年指导十位左右的学生(含研究生和本科生)毕业,让我多数时间忙于学生论文结构的定夺与写作过程的指导,无暇将手头的一些"经验"快速集中,这种尴尬的局面背后,可能是行将失去在出版社迅速定稿的时机。赵智同学的快速高效,让这本书有了面世的机会。我与赵智的师生缘分已有十年,这也是我教学与科研工作的一个重要节点,在这个节点能够出此小书,也不枉这一场师生缘分,更何况这其中还有很多是师生联手创作的成果,更显此书对学生成长的见证意义。

希望这本书能带给我现在正在指导的学生和以后即将指导的学生以启示,如蒙不弃,还期望能对其他学界的同人以启示,如真能达致此目的,更是谢天谢地,这本书也更就有了它存在的初级意义了。

于海大东坡湖
二零二四年三月